Irma Brandes · Ursula Mauch

Der Freiheit entgegen

Irma Brandes · Ursula Mauch

Der Freiheit entgegen

Frauen der Romantik

Bechtle

Umschlaggestaltung: Christel Aumann, München
Satz: Filmsatz Schröter GmbH, München
Gesetzt aus 10/12 Lino Walbaum auf Linotron 202
Druck: Jos. C. Huber KG, Dießen
Binden: R. Oldenbourg, München
ISBN: 3-7628-0454-0

Inhalt

Einführung

In diesem Buch werden fünf Frauen porträtiert, die wegen ihrer Klugheit, Bildung sowie ihres menschlichen und weiblichen Charmes von den bedeutendsten Persönlichkeiten ihrer Zeit geschätzt oder ... verurteilt wurden.

Heute sind diese Frauen fast vergessen oder ihr Bild ist verzerrt durch Klischee-Vorstellungen über jene Zeit, obgleich ihre Persönlichkeiten ebenso wie ihre Schicksale gerade heute beispielhaft sein können, nachdem sich im beruflichen, politischen und gesellschaftlichen Raum eine zeitgemäße Partnerschaft der Frau abzeichnet.

Diese Leben voller Spannung, Tragik und Erfüllung stehen vor dem Hintergrund der Französischen Revolution und der Napoleonischen Kriegswirren in dem in Kleinstaaten zersplitterten Deutschland, dessen geistige Eliten um eine liberalere Umwelt rangen. Vergleiche mit den Auseinandersetzungen in Europas Mitte im zwanzigsten Jahrhundert drängen sich auf und beschwören eine fast gespenstische Aktualität.

Die authentischen Quellen dieser Frauenporträts sind pietätvoll bewahrte, eigenhändig – mit dem Gänsekiel auf unzählige Seiten – hingeworfene Briefe aus jener schreibseligen, dem Freundschaftskult verfallenen Epoche, die der Aufklärung folgte. Sie gestatten eine chronologisch bis ins Detail genaue Nachzeichnung der Lebenswege, die bei weiten Reisen mit der Pferdedroschke quer durch Europa führten: In das Weimar der Goethezeit, zu den Frühromantikern in Jena und Berlin, nach Italien, dem Land der ersehnten »klassischen Harmonie«, und in das Wien der Politiker und Staatsmänner.

Diese Briefe gestatten auch eine Deutung der inneren Situation dieser Frauen, die sich in jener Zeit des »Aufbruchs zu neuen Ufern« nach Mitverantwortung sehnten. War doch der bisherige Wirkungskreis der Frauen in bäuerlichen, bürgerlichen und adligen Schichten durch die beginnende technische Entwicklung immer unbedeutender geworden. Die sogenannte »patriarchalische« Ordnung, die den Mann als Ernährer, Beschützer, Verteidiger der meist vielköpfigen Familien im Krieg wie im Frieden einordnete, wurde von den Frauen nicht mehr voll akzeptiert. Für sie hatte sie den »Stellenwert« verloren, sie forderten ein Umdenken und eine neue *zeitgemäße* Ordnung.

In diesem bis heute sich fortsetzenden Prozeß geben die Lebensbilder dieser fünf Frauen ein bildkräftiges Beispiel.

Die Französische Revolution 1789 hatte dem weiblichen Geschlecht zwar in ihrem ersten Schwung die Menschenrechte zugesichert; spätere Machthaber der Revolution schickten bereits die französische Schriftstellerin Olympe de Gouges, als sie mit ihrem Buch »Erklärung der Frauenrechte« daran erinnerte, unters Fallbeil! Auch den Juden wurden ja zu Beginn der Revolution die Menschenrechte erteilt, wodurch die

begabten Berliner Jüdinnen ihre selbst von höchsten Kreisen besuchten Berliner Salons gründen konnten. Nach den Freiheitskriegen hat dann der konservative Metternich erreicht, daß diese und viele andere Freiheiten wieder »gestrichen« wurden.
Doch zurück zu den hier porträtierten Frauen, die als erste in jener Zeit – aufgerufen durch Rousseau und andere Aufklärungsautoren – elitefeindlich und liberal, naturverbunden und frei, auch nicht mehr nur den von ihren Vätern oder älteren Brüdern ausgesuchten Mann zum Gatten nehmen oder – um jeden Preis – bei ihm ausharren wollten, wenn sie das Leben mit ihm unerträglich dünkte.
Sie wagten es jedenfalls in immer größerer Zahl, der »Stimme des Herzens« zu folgen, was natürlich – mehr als heute – große innere und äußere Kämpfe kostete. Den verurteilenden »Nachreden« standzuhalten, war schwer – wie es Caroline Schlegel, ebenso Therese Forster-Heyne, ja sogar eine Germaine de Staël erfuhren.

Die Göttinger Professorentöchter *Caroline Schlegel-Schelling, geb. Michaelis (1763–1809)* und die gleichaltrige *Therese Heyne-Forster-Huber* erlebten die Erfüllung mit einem geliebten Gatten und blieben, obwohl »emanzipiert«, weiblich-mütterlich, wie die Zeitgenossen ihnen immer wieder bestätigten.
Therese Heyne, die als älteste einer großen Geschwisterschar mit einer zwar hochgeistigen, aber kränklichen Mutter, eine schwere Kindheit durchlebte, hatte sich frühzeitig einen »reichen Gatten« gewünscht.

Ohne Liebe heiratete sie daher in erster Ehe den »Weltumsegler« Georg Forster, dessen Buch über die Cooksche Weltreise ihn in ganz Europa berühmt gemacht hatte. Sie ging mit ihm – nach einer triumphalen Reise durch die deutschen und österreichischen Länder – nach Polen, wo er an der verwahrlosten Universität Wilna eine Professur erhalten hatte, die beide enttäuschte. Er nahm seinen Abschied, als eine neue Weltreise lockte! Diese zerschlug sich jedoch, so mußte er dankbar sein, daß der Göttinger Professor Heyne, sein Schwiegervater, ihm die Stelle eines Bibliothekars an der Mainzer Universität vermittelte. In Mainz aber zogen bald die französischen Revolutionsheere, die Jakobiner, ein, denen sich zur Verfügung zu stellen dem Idealisten und Träumer Forster notwendig erschien.
Bald aber rückten die Preußen drohend näher, die Gefahr bestand, daß sie die deutsche Stadt zurückerobern würden. Da flüchtete Therese mit seinem und ihrem Freund Huber und den Kindern. Forster blieb allein. Caroline, geborene Michaelis, die spätere Gattin August Wilhelm Schlegels, die seit kurzem in Mainz lebte und mit dem Ehepaar Forster befreundet war, nahm sich des Gatten ihrer Freundin und Rivalin Therese an und betreute ihn. Wenig später wurde Forster nach Paris geschickt, um dort für die Eingliederung von Mainz in die französische Republik zu wirken. Auch Caroline verließ nun die Stadt, wurde jedoch auf der Flucht verhaftet und zur Festungshaft auf Burg Königstein gebracht, damit sie den »Vaterlandsverräter« Forster zur Rückkehr bewege. Da sie das Ansinnen ablehnte, konnte sie dem eigenen Tod nur durch den

Einsatz des Göttinger Studienfreundes August Wilhelm Schlegel entrinnen, der sie unter fremdem Namen in das Haus eines Arztes in der Nähe Leipzigs einquartierte, wo sie das Kind eines jungen Jakobineroffiziers zur Welt brachte.
Therese jedoch heiratete ihren Freund, den sächsischen Diplomaten Ferdinand Huber, an dessen Seite sie Glück und Erfüllung fand. Huber starb 1804. Aber bis zu ihrem Tode litt Therese daran, Forster in der Not verlassen zu haben.
Neben Huber fand sie zu sich selbst. Sie entwickelte sich nach seinem Tod zu einer bekannten Redakteurin und Schriftstellerin, die noch Jahrzehnte lang großen Einfluß auf ihre Zeitgenossen ausübte.

Caroline Schlegel-Schelling war die Tochter des »Regenten« der Göttinger Universität, Michaelis. Als nach der Episode mit dem Manne ihrer Freundin Therese Forster in Mainz der Knabe, den sie von einem Jakobineroffizier empfangen hatte, starb, heiratete sie August Wilhelm; nicht nur aus Dankbarkeit, sondern weil sie in der Zusammenarbeit mit Schlegel bei dessen erster kongenialer Shakespeare-Übersetzung das Glück gemeinsamen schöpferischen Tuns erlebte. Sie ging mit ihm und ihrer Tochter Auguste aus erster Ehe nach Jena, wo August Wilhelm mit seinem Bruder Friedrich Schlegel und einer Anzahl begabter Freunde (Schleiermacher, Tieck, Brentano, Novalis und schließlich dem jungen Professor Schelling) die frühromantische Schule begründete mit ihrer berühmten Zeitschrift »Das Athenäum«.

Doch die Harmonie dieses gemeinsamen Wirkens wurde durch den jungen Schelling gefährdet: Caroline erlag dessen vital-schöpferischem Wesen und Werben. Sie wagte die Scheidung von Schlegel und fand in der kurzen Ehe mit dem genialen Naturphilosophen durch ihre Mitarbeit an dessen kühnen Gedanken Erfüllung und Glück. Sogar seine schwer lesbaren Manuskripte schrieb sie ins Reine, um »so noch tiefer in seine Ideen einzudringen«. Bis zu ihrem frühen Tode – 1809 – war sie von der Genugtuung durchdrungen, an der Seite des »Propheten einer kommenden besseren Zeit der Humanität und Gerechtigkeit« zu wirken.
Sie lebte weiter als die geistig ebenbürtige Partnerin großer Männer, mit deren Werk ihr Name verbunden bleibt. Schiller zwar, der in seinem großen Gedicht »Die Glocke« der *nur*-weiblichen Frau huldigte, nannte sie die »Dame Luzifer«, indes Goethe, der ihr sogar bei ihrer Scheidung von Schlegel geholfen hatte, sie lächelnd »vielmännrige Zauberin« titulierte.

Anne Louise Germaine, Baronin von Staël-Holstein, geb. Necker (1766–1817), eine gebürtige Schweizerin und Wahlpariserin, war die einflußreichste und aufregendste der damaligen Frauengestalten. Geprägt durch die Atmosphäre des Pariser Salons ihrer schönen unnahbaren Mutter, lauschte schon das frühreife Kind verzückt den Erörterungen der politischen, sozialen und ökonomischen Probleme in den Jahren vor dem Ausbruch der Französischen Revolution. Sie verehrte ihren Vater, den reichen Genfer Bankier und Staatsminister Ludwigs XVI., leidenschaftlich und unterstützte ihn in seinem

vergeblichen Bemühen um die Erhaltung des Königtums – selber geschützt durch ihren Status als schwedische Diplomatengattin.
Der Ausbruch der Revolution, die Verkündigung der Menschenrechte, die liberalen Gesetze zum Schutze des »neuen Staatsbürgers« erfüllten sie mit Begeisterung. Ihr Leben lang kämpfte sie für eine liberale Staatsform, ein konstitutionelles Königtum nach englischem Vorbild. Dadurch aber geriet sie alsbald in unausweichlichen Konflikt mit Napoleon, der sie mit allen Mitteln seiner Macht verfolgte. Doch Germaine kämpfte ihrerseits gegen ihn mit den Waffen einer raffinierten Frau und der Feder einer begabten Publizistin! Die tragischen Helden ihrer Romane, die so mancher Offizier der Grande Armée in seinem Kriegsgepäck über ganz Europa mit sich führte, waren geniale liebende Frauen, die an den Zwängen und Vorurteilen der patriarchalischen Gesellschaftsordnung zerbrachen.
Ihr eigentliches Vermächtnis war der Versuch, ein umfassendes Deutschlandbild für Franzosen zu zeichnen: ihr doppelbändiges Werk »De l'Allemagne«, das in Europa an die Stelle blutiger Entscheidungen die friedliche Verständigung der Völker setzen wollte. Damals nannte man sie »die geheime Kaiserin Europas«. Heute könnte man sie vielleicht als »die Wegbereiterin eines neuen Europas« bezeichnen.

Caroline von Humboldt, geb. von Dacheröden (1766–1829) entstammte begütertem thüringischen Adel und verdankte ihre umfassende Erziehung, die sie zusammen mit ihrem Bruder erhielt, einem hervorragenden Hauslehrer, der ihr neben umfassendem Wissen begriffliches Denken und Aufgeschlossenheit für geistige Auseinandersetzungen ihrer Zeit vermittelte. Als Gattin des preußischen Staatsmannes Wilhelm von Humboldt wurde sie dessen ebenbürtige Partnerin, die durchaus ihre individuelle Eigenart bewahrte. An allen Phasen seines bewegten Diplomatenlebens nahm sie aktiven Anteil. Frühe Beziehungen zu Schiller und Goethe in Weimar, wo die Humboldts einige Jahre verbrachten, führten zu einer dauernden fruchtbaren Freundschaft.

Nachdem Wilhelm von Humboldt als Botschafter nach Italien berufen war, wuchs Caroline in die Rolle einer Mäzenin der in Rom meist in dürftigen Verhältnissen lebenden deutschen Künstler: Schinkel, Schick, Thorwaldsen, Rauch u. a., denen sie Aufträge, Empfehlungen verschaffte – vor allem aber ihr Haus öffnete, in dem sie allezeit menschliches Verständnis und freundschaftliche Hilfe fanden.

Caroline von Humboldts Lebensweg ist gekennzeichnet durch den häufigen Wechsel des Wohnorts; weite beschwerliche Reisen mit Postkutschen oder in eigenen Karossen führten die Diplomatenfrau zu den Brennpunkten der damaligen politischen und kriegerischen Wirren in die Hauptstädte der europäischen Staaten: u. a. nach Paris, wo sie ebenso gern weilte wie ihr Schwager Alexander von Humboldt, dem sie bei seinen Aufenthalten in der Stadt ihr Haus stets offenhielt für die vielbesuchten Vorträge über seine Weltreisen. Sodann nach Wien und schließlich nach Berlin, wo

Wilhelm als Leiter des Kultur- und des Innenministeriums das neuhumanistische Gymnasium und die nach ihm genannte Humboldt-Universität konzipierte, wobei er manche Anregungen von Caroline aufnahm.
So wurde die anfangs von der Thüringerin wenig geliebte Stadt an der Spree – mit dem von Schinkel umgebauten Tegeler Familienschloß der Humboldts – ihr zur echten Heimat, der sie durch Aufträge und Anregungen der von ihr geförderten Künstler gleichsam ihr eigenes Wesen schenkte: ein »auf Sand und Moor« gebautes »neuklassisches« Gesicht, das leider in den sogenannten Gründerjahren des 19. Jahrhunderts bis auf wenige Reste wieder verlorenging.
Als sie 1819 starb, umgeben von ihren Kindern und dem Gefährten eines großartigen Lebens: Wilhelm, hinterließ sie, gleichsam als ihr Vermächtnis, die Worte, die sie für ihre Tochter Gabriele über den Sinn des Lebens aufgeschrieben hatte: »Nicht das ›Glück‹ kann es sein, sondern die Liebe!« Und: »Soviel geben, als man vermag, und so wenig wie möglich verlangen.«

Anna-Amalia von Sachsen-Weimar-Eisenach (1739–1807)

Die Welfentochter wurde im Wolfenbütteler Schloß von der jüngsten Schwester des Preußenkönigs Friedrich II. als drittes Mädchen geboren, das leider nicht so hübsch zu werden schien wie ihre älteren Schwestern. Heranwachsend, war sie keineswegs bereit, den französischen Gouvernanten, die sie erziehen sollten, zu gehorchen.

Sie erhielt Unterricht durch einen Braunschweiger Geistlichen, den Abt Jerusalem (bekannt durch den Selbstmord seines Sohnes, den Goethe als Anlaß zu seinem »Werther« nahm), und lernte, womit Mädchen zu jener Zeit sonst nicht beschwert wurden, nämlich: stets sich selbst getreu zu sein, also seiner inneren Stimme zu gehorchen und alle, auch und gerade die einfachen Menschen, zu lieben.
Als sie, sechzehnjährig, mit dem verwaisten kränklichen, an fremdem Hof aufgewachsenen Weimarer Herzogssohn verheiratet wurde, war ihr und ihres Mannes ganzes Wesen davon erfüllt, die Bewohner des (durch den Tod seiner Eltern) völlig verwahrlosten Ländchens glücklich zu machen.
Aber bald nach dem ersten harmonischen Ehejahr starb der junge Fürst, und die nun achtzehnjährige Anna Amalia, Mutter eines Sohnes und ein zweites Kind unter dem Herzen, wurde nach langem Ringen schließlich durch Verfügung des Deutschen Kaisers in Wien zur »regierenden Herzogin von Sachsen-Weimar-Eisenach« bis zur Großjährigkeit ihres Sohnes Karl August ernannt. Ihre überaus humane Regierung begann, bei der ihr Goethe, den Karl August ins Konsilium berief, zur Seite stand, und ihr natürlich auch beim Aufbau und Wachsen ihres »Musenhofes« half. Ebenso der Dichter Wieland, den sie zum Erzieher und Berater ihrer beiden Söhne nach Weimar holte.
Wieland selbst wurde ihr ein lebenslanger Freund und Berater – sowohl bei ihrer Lebensführung wie auch beim Aufbau und der Entwicklung ihres »Musenhofs« durch Konzerte, Theaterspiele, Musizieren; Feste, die

bald Besucher aus vielen Ländern anlockten und den Ruf Weimars als Stätte deutscher Kultur verbreiteten.
Am Ende ihres Lebens, nachdem sie die Regierung an den Sohn Karl August abgegeben hatte, erschütterte sie der Einzug der Franzosen in ihre Städte Weimar und Jena ebenso wie Napoleons Siege über die vereinigten Heere von Preußen und Braunschweig-Wolfenbüttel, wobei ihr Bruder, der regierende Herzog, den Tod fand und ihr Sohn Karl August womöglich sein – ihr! – Herzogtum verlor.
Sie starb kurz nach Heimkehr des Sohnes – den Blick auf das Bild ihres Oheims Friedrich II. gerichtet, das in ihrem Schlafraum hing. Und alle, die es sahen, erschraken über die Ähnlichkeit der beiden Gesichter.
Goethe hat Amalia in seiner Totenrede, die in allen Kirchen verlesen wurde, als eines jener Wesen gepriesen, »deren Hinscheiden in höhere Regionen segnend wirkt«: nämlich als »Richtpunkt, wohin wir unsern eigenen Lauf zu richten haben«.
Auf diese Weise ergänzt Anna Amalias Leben das der vier andern Frauen zu einem Kulturbild jener Epoche, die der Auftakt zu der heutigen ist.

1
»Ein großes herrliches Weib«

Therese Huber-Forster, geb. Heyne

1. Therese Huber-Forster, geb. Heyne

In der geräumigen Eingangshalle des wiederentdeckten »Georg-Forster-Hauses« in Mainz hängt neben dem Bild des einstigen Hausherrn – des Weltumseglers, Schriftstellers, »Vaterlandsverräters« Forster – *nicht* das seiner Lebensgefährtin Therese! Sondern das Tischbein-Porträt ihrer Freundin und Rivalin Caroline geborene Michaelis, der späteren Gattin A. W. Schlegels, um deren Tisch in Jena sich 1798 die »Frühen Romantiker« zusammenfanden. Dort, sechs Jahre nach Carolines Mainzer Zeit, hat Tischbein sie erst gemalt.

Dennoch gehört das Bild in dieses Haus des Schicksals. In der Schlußphase der Jakobiner-Besetzung lebte nämlich nicht Therese, Forsters Frau, sondern Caroline an seiner Seite.

Es war das Jahr 1792. Das Französische Revolutionsheer hatte Mainz besetzt und eine Regierung gebildet, der sich der Kurfürstliche Bibliothekar, Professor der Naturwissenschaften, Forster alsbald zur Verfügung stellte. Als jedoch die Deutschen anrückten, Mainz und die Rheinlande zu befreien und Therese Forster mit den beiden Töchtern vor der drohenden Belagerung flüchtete, nahm sich Caroline – seit kurzem in Mainz lebend – des seelisch und körperlich niedergedrückten Gatten ihrer Freundin Therese an und führte fortan dessen Haushalt.

Wenig später, als Forster nach Paris beordert wurde, dort den Anschluß der Mainzer Republik an Frankreich zu betreiben, verließ Caroline mit ihrer Tochter Auguste ebenfalls die belagerte Stadt. Sie wurde jedoch auf der verspäteten Flucht verhaftet und – als Geisel für den »Vaterlandsverräter« Forster – auf Festung Königstein gefangen gesetzt, wo sie es strikt ablehnte, den – in Abwesenheit – zum Tode Verurteilten zur Rückkehr zu bewegen.
Sie hielt mit ihrer kleinen Tochter in dem durch acht Personen besetzten Festungsverließ tapfer aus, bis die mörderische Haft, die Zerrüttung ihrer gesellschaftlichen Existenz, die Angst um ihr Kind sie an den Rand ihrer Lebenskraft führten.
Während Caroline also ihre »Schuld« beinahe mit dem Tode bezahlte, konnte Therese sich mit ihrem Freund, dem sächsischen Diplomaten Ferdinand Huber, der sich rechtzeitig von Mainz abgesetzt hatte, vereinen und mit ihm ein neues Leben aufbauen.
Die Tatsache allerdings, Forster in der schlimmsten Zeit seines Lebens verlassen zu haben, hat Therese bis zu ihrem Tode belastet, obgleich sie sich bewußt war, erst neben Huber und nach dessen Tod als Schriftstellerin und Redakteurin zu sich selbst gefunden zu haben; das heißt: zu jener Frau, die als »eine der vorzüglichsten Frauen der Zeit« gelobt, als »subjektiv und streitbar« getadelt und als »große Seele, die nicht zur Harmonie finden konnte«, bestaunt wurde.
Worin bestand nun wirklich die besondere Art Thereses? Schon der achtzehnjährige Student Alexander von Humboldt rätselte über »diese Frau mit den kleinen

feurigen Augen, für die das Beiwort nicht zu finden sei«, noch nach, als er sie nach seiner dreimonatigen Reise mit Forster über Belgien, England, Frankreich in dessen Haus in Mainz erlebte. Und sein älterer Bruder Wilhelm bewunderte sie sogar als »großes, herrliches Weib, das meinem Herzen ewig nah bleiben wird. Sie war lange mein Studium und tief gelang es mir, ihr ganzes Leben zu erfassen«, so schrieb er noch vierzig Jahre später, nachdem er der Jugendfreundin zum letzten Mal begegnet war. Und er rühmte »den hohen Grad ihres Geistes, ihre Lebenskraft und Originalität«, die ihm der ihrer Landsmännin Caroline als »durchaus überlegen« erschienen war.

An Lebenskraft übertraf Therese die gleichaltrige Michaelistochter allerdings: Caroline starb nach kurzer glücklicher Ehe mit dem Philosophen Schelling sechsundvierzigjährig. Indes Thereses bewegtes Leben mit fünfundsechzig – umringt von Kindern und Enkeln – zu Ende ging, nachdem sie zuvor noch Forsters Nachlaß herausgegeben hatte. Darunter Hunderte von Briefen an sie, seine »über alles Geliebte, für deren kleinsten Funken Liebe ich die Huldigung der ganzen Welt hergäbe«.

Doch Therese vermochte ihren Mann zwar zu achten, auch seine Fähigkeiten zu bewundern; umfassend zu lieben aber hatte sie wohl in ihrer unglücklichen Kindheit nicht gelernt. Erst in ihrer zweiten Ehe mit Huber gelang es ihr, »höchste Weiblichkeit mit energievoller Wirksamkeit in weiten Kreisen zu verbinden«, wie es bedeutende Männer u. a. Rückert, Kerner, Schwab, Benjamin Constant, Bötticher – bei aller Kritik an ihr – immer wieder beteuert haben.

Und in der Tat: liest man die Briefe, die sie mit den Schriftstellern und Freunden als Redakteurin gewechselt hat, sodann die Rezensionen, die sie über die Arbeiten der späteren Romantiker veröffentlichte, so überrascht nicht nur der frische anschauliche Stil, der weite Horizont ihrer Bildung, sondern auch die wachsende Eigenwilligkeit ihres Urteils mit dem sie dem Zeitgeist nach Napoleons Siegen begegnete.

Von ihm, dem Korsen, hatten sich ja die Deutschen ein Vereintes Europa erhofft, in dem die Menschenrechte Verwirklichung fänden. Erst als diese Sehnsucht zerschellte, erwachte in ihnen ein Nationalgeist – wie ihn das 18. Jahrhundert noch nicht gekannt hatte. Und gegen diesen Geist, der dann nach den Freiheitskriegen manchmal allzu chauvinistisch auftrat, kämpfte die Redakteurin Therese:

»Ist's denn weniger groß, lebensfroh, arglos, kindlich, freisinnig und streng, ein echter Republikaner zu sein?« so schrieb sie und forderte, statt »pathetisch zu schwärmen oder in Über- und Untergründigkeit zu flüchten: Klarheit, Realität und Weltbürgertum«, wie es ihr in Wilhelm von Humboldt entgegentrat; mit dem sie, die Hannoveranerin, freilich in der Frage Preußens und seiner deutschen Mission niemals einig wurde. Preußische Disziplin und Sprödigkeit lagen ihr, inzwischen an südliches Wesen gewöhnt, nicht. Ihr schwebte die »Menschlichkeit« als hohes Ziel vor – auch für die zukünftige Ehe, in der die Frau »echte Gefährtin des Mannes« sein sollte, die »ihren Geist und ihre Menschlichkeit durch Bildung und Erkenntnis entfalten müsse«. Nur auf diese Weise könne sie das Leben meistern, auch dann, wenn der Mann die Familie verließ oder ausblieb.

»Sich selbst zu finden«, »sich selber zu verwirklichen« – mit diesen wieder so modernen Thesen forderte Therese also ihre Leserinnen auf zu lernen, daß allein »das richtige Denken« die Schicksalsschläge fernhalten oder doch in ihrer Wirkung abschwächen könne. »So wie das Denken die Schicksale herbeizieht, so leiten die Schicksale das Denken«, war einer ihrer Leitgedanken, mit dem sie doch selber das eigene Geschick nicht »in den Griff« bekommen konnte. »Verständlich! Denn wer sich immerzu nur selber sucht, findet sich nicht. Wer dagegen sich den Armen und Hilfesuchenden widmet, aber auch die Kunst als Erfüllung des Selbstseins im Miteinander sucht und findet, erhält alles andere dazu. Die Liebe allein verströmt, ohne sich zu erschöpfen. Wer sich selbst ohne Liebe zu verwirklichen sucht, ist ein armer Tropf oder – was dasselbe ist – ein heroischer Nihilist«, so schreibt Professor Kurt Kluxen (Mitglied des Akademischen Rats der Humboldt-Gesellschaft).

Dies alles mochte die kluge Therese auch vielleicht wissen. Aber Wissen allein genügt nicht, wenn Liebe und Vertrauen in die höheren Mächte und das eigene Geschick fehlen. Die Kraft der »in sich ruhenden Seele«, die »geniale Frauen befähigt, den Mann und seine Zeit empor zu wandeln«, wie es Ortega y Gasset in seinem »Buch über die Liebe« nennt, kann durch kein noch so eifriges »Tun« erreicht werden. Das erfuhr bereits die Martha der Bibel.

»Mag Therese also Caroline an Originalität überlegen gewesen sein, so ging ihr deren Genius doch ab. Therese war einfacher konstruiert; mehr auf die praktischen republikanischen Grundsätze erpicht, weshalb ihr auch das Spielelement oder die Ironie fehlte, durch die es vorzüglichen Menschen gelingt, ihr eigenes Selbst idealistisch zu parodieren. Dadurch gebrach es Therese aber an eigentlichem Liebreiz, den Caroline – wie gewiß auch Thereses Mutter – ausstrahlten«. So Kurt Kluxen, und ich darf hinzufügen: Darum vermochte sie auch nicht zum künstlerischen Sinnbild vorzudringen – weder in ihren Romanen noch in ihren Aufrufen – wie es dem Kreis um Caroline Schlegel gelang. Für diese »Frühen Romantiker« war die Dichtkunst, »die ja einst ein wesentliches Moment des Daseins gewesen und in gesunden Zeiten auch die andern Künste, die Wissenschaft und den Staat, durchdrungen hat«, das Medium, mit dem sie den neuen Menschen, die neue Zeit formen wollten, wie es der Norweger Steffens in seinen Erinnerungen an seine Jenaer Zeit schildert.
Diese Gabe also besaß Therese nicht. Sie verströmte in ihren Schriften zwar ihre »allmächtige Natur«, wie Caroline es nannte, also ihren Verstand, ihr Temperament, aber nicht ihr Herz. Wie hätte sie sonst sich über ihre eigenen Romane lustig machen können? Caroline indes, die schriftstellerisch nie hervortreten wollte, gilt noch heute als die beste Briefschreiberin, die ihr ganzes Wesen in ihre Worte fließen ließ. Auch stellte sich *ihr* »Mythos« – selbst nach Festungshaft und unehelicher Mutterschaft – alsbald wieder her durch die ihr helfenden Männer, die ihre Anmut, ihr in sich ruhendes

Wesen bewunderten. Aus dieser inneren Sicherheit vermochte sie – selbst nach dem Bruch der Freundschaft mit Therese – auch mitfühlend deren »Unglückssucht als die Bewegungen einer großen Seele« zu deuten, »die nicht zur Harmonie finden konnte«.
Konvulsivische Bewegungen einer großen Seele – einer von ihrem Dämon getriebenen Seele, hätte es Goethe genannt, der ja das »Daimonion« nicht, wie das Christentum, als teuflischen, sondern, gleich den Griechen, als den göttlichen Teil eines Menschen betrachtete, von dem, wie der Dichter schreibt, »eine unglaubliche Gewalt über alle Geschöpfe, ja sogar über die Elemente ausgeht«, so daß »alle vereinten sittlichen Kräfte nichts gegen sie vermögen. Vergebens, daß der helle Teil der Menschheit sie als Betrogene oder Betrüger verdächtigt: die Masse wird von ihnen angezogen!« So Goethe, der Lord Byron und Napoleon von solchen Kräften durchdrungen sah.
Therese mußte in sich selber verwandte Züge entdeckt haben, als sie nach dem Lesen der Erinnerungen Napoleons spontan ausrief: »Er« – also Napoleon – »war wie ich!« Und das heißt doch, daß auch sie zu jenen immer strebenden, alles verändern wollenden Geistern gehörte, die – gleich Erdbeben und Gewitter – den Elementen verwandt sind, die unsere Erde durchtränken, durchwühlen (und sie damit auch erneut fruchtbar machen) gleich jenen dämonischen Geschöpfen – um noch einmal auf Goethes Worte zurückzukommen –, die den Völkern immer wieder aufstehen, sie aus Trägheit und Schwäche zu reißen! Weshalb sie zwar gefürchtet und später gehaßt werden, zu ihrer Zeit

jedoch »zauberhaft anziehen«, wie Caroline es von Therese behauptete.
Vielleicht vermag die kleine Szene aus der Kindheit der beiden Professorentöchter das Wesen der beiden bedeutenden Frauen sichtbar zu machen: Danach saßen Caroline und Therese, etwa elfjährig, wie so häufig in der Halle der Universitätsbibliothek vor den Standbildern des Apoll und des Laokoon, und grübelten darüber nach, warum die Götter wohl dem Priester, der die Trojaner vor dem hölzernen Pferd warnte, die Schlangen schickten.
»Vielleicht, weil er eingreifen wollte in das für Troja bestimmte Geschick?« meinte schließlich die blonde Caroline und dann mit entschiedenem Kopfschütteln: »Nein, *ich* will nicht in die Zukunft blicken, ich will vertrauen und ... lieben wie er – Apoll!«
»Aber *ich* will mehr als andere wissen!« So, blitzenden Auges, Therese »auch wenn keiner auf mich hört, auch wenn Schlangen mich erwürgen! Aber, natürlich, als die gräßlichen Reptile kamen, hat keiner dem Warnenden mehr geglaubt! Niemand glaubt dem Unglück-Prophezeihenden, dem Häßlichen!« Und der magere Mädchenhals richtete sich hoch: »Sollen sie mich nur häßlich finden, sollen sie mich strafen: Ich will dennoch alles wissen, wissen zum Beispiel, warum mein Vater die Mutter so liebt, die ihn doch betrügt, betrügt!«

Zweifellos spielte in Thereses Leben – außer der Hochachtung vor dem bedeutenden Vater und der Freund-Feind-Beziehung zu Caroline – das Mutter-Erlebnis

2. Georg Forster, Weltumsegler und Schriftsteller, mit seinem Vater Johann Reinhold Forster

3. Johann Friedrich Cotta, Verleger und Buchhändler

eine entscheidende Rolle; zumal ihre frühe Kindheit von einer heute kaum mehr vorstellbaren Armut geprägt war. Als Professor Michaelis (Carolines Vater) den begabten Altphilologen Dr. Heyne nach Göttingen berief, mußte sich der junge Gelehrte und seine Frau mit einer Wohnung begnügen, unter der »außer einem Betteljuden, der Scharfrichter mit seiner Familie hauste«, wie Therese später berichtete. Die Wohnung war zudem so klein, daß Therese und zwei ihrer Geschwister im Elternzimmer schlafen mußten...!

Ihre Mutter, adlige Hofdame einst und begabt für Musik, Literatur und anregende Gespräche – Künstler wie Klopstock, Gotter, Forkel verehrten sie deshalb – bewältigte ihren Haushalt bei wachsender Kinderschar immer weniger. So sorgte Therese schon früh für die jüngeren Geschwister – auch für den geliebten Vater –, indes die kränkelnde Mutter auf dem Ruhebett liegend die Künstler empfing, was die offenbar früh pubertäre Therese glauben ließ, daß ihre Mutter den Vater mit diesen Freunden »betrüge«.

Der überaus gewissenhafte und zugleich großartige Heyne, den man später rühmte, Göttingen zum »deutschen Athen« gemacht zu haben, liebte seine Frau und kümmerte sich nicht um das Gerede. Doch befaßte er sich immer wieder besänftigend und anregend mit seiner leidenschaftlichen Ältesten.

»Ruschelhänschen« nannte er sie, und da sie unentwegt alles, was ihr in die Hände kam, las, empfahl er ihr, die alten und die neuen Klassiker zu studieren und systematisch aufzuschreiben, was sie gelernt und empfunden habe. Doch Therese, die später die Lektüre Homers als Grundpfeiler auch der weiblichen Erziehung pries, mochte damals weder die alten Griechen noch den modernen »Werther«; auch die Schriften des berühmten Rousseau langweilten sie – vielleicht, weil Caroline gerade diese Werke so liebte? »Doch Lesen ist mir unentbehrlich wie die Speise«, schrieb sie einmal, und als der Vater den Bücherschrank vor ihr schloß, drückte sie die Tür ein und las weiter, was *ihr* zusagte: Englische Romane, Geschichtsbücher, Gedichte – am liebsten die tragischen.

Erst nachdem der Vater, zwei Jahre nach dem Tod der ersten Gattin, die gerade zwanzigjährige Georgine Brandes aus wohlhabendem Hannoverschen Hause geheiratet hatte, wurde die so unsystematisch gebildete Therese in eine französische Pension nach Hannover geschickt. Dort konnte sie zugleich »im großen Weltviertel meines Großvaters Brandes die Formen des gesellschaftlichen Lebens kennenlernen«, wie sie es selber später formulierte, »wobei ich entdeckte, warum mich die Unordnung, Uneleganz, Unzartheit in den Umgebungen meiner Kindheit so verletzt hatten«.

Als sie 1781 aus Hannover zurückkam, war sie siebzehn und alsbald des Daseins in ihrem nun zwar gepflegten Elternhaus (darin jetzt die junge Frau Heyne ebenfalls Jahr um Jahr ein Kind bekam) so überdrüssig, daß sie einer Freundin schrieb: »Wenn jetzt ein Mann, auch wenn ich ihn haßte, meine Hand forderte – wäre sein Vermögen nur so, daß ich bestehen könnte, ich machte mich elend und heiratete ihn, um meinem Vater und meinen Geschwistern den Vorteil zu verschaffen!«

Und nun kam in die interessante Universitätsstadt Göttingen der Weltumsegler Georg Forster, zwar nicht vermögend – im Gegenteil –, jedoch durch seine Weltreise mit dem englischen Kapitän Cook und seinem Buch in ganz Europa berühmt. Galt seine »Voyage Round the World« doch als erste wissenschaftliche Reisebeschreibung von Format, mit der zugleich »eine neue Ära wissenschaftlicher Reisen begonnen hat«, wie Alexander von Humboldt im »Kosmos« begeistert feststellte.

Dieser junge Mann, »auf dessen Schultern der Mantel des Ruhms glänzte, der mit jedem Wort Abenteuer, Ferne, fremdartige Welten beschwor« (W. Bauer) – er fand bei allen Professoren Göttingens die freundlichste Aufnahme und natürlich auch bei deren Töchtern: bei Caroline vor allem, der Freundin, die alles besaß, was Therese so bitter entbehrte: ein wohlhabendes Zuhause im schönsten Gebäude der Stadt, einen geselligen Kreis, dem die anmutige Michaelistochter aus den neuesten Dichtungen vorzutragen pflegte – ganz wie Thereses Mutter einst!

Und heute würde sie die »Räuber« lesen, das noch unaufgeführte Drama des jungen Revolutionärs Schiller, das Forster ihr mitgebracht hatte, nachdem die beiden einen ganzen Tag von Goethes »Werther«, von Rousseau und einer Revolution geschwärmt hatten, die kommen müßte, alle Ungerechtigkeiten, Unnatürlichkeiten zu beseitigen, auf daß – statt der aufklärerischen Vernunft – das Gefühl wieder die kalte Welt erwärme. Dieser wunderbare Zusammenklang zwischen den beiden gleichgestimmten Seelen, von dem Caroline der Freundin glühenden Auges erzählte, aber war eine

Herausforderung, eine unwiderstehliche Kampfansage für eine Therese, die gerade geschrieben hatte: »... käme nur einer und wenn ich ihn haßte!«
Also beschloß die leidenschaftliche Siebzehnjährige sich der Eroberung Carolines zu bemächtigen: Wenn ihr Vater sich für diesen berühmten Forster einsetzte, ihm eine geeignetere Professur, als er sie in Kassel besaß, besorgte – war *er* dann nicht die rechte Partie für sie, auch wenn er – vorläufig – noch arm war? Gewiß liefen so ihre Überlegungen! Und noch am gleichen Abend, als Caroline die »Räuber« las, gelang es ihr wirklich, den »Weltreisenden« zu erobern ...
Auch alles weitere gelang. Forster erhielt den Auftrag, an der polnischen Universität in Wilna »Produkte des Landes nach Nutzung und Anwendbarkeit zu untersuchen«, also Forschung und Praxis, wie es ihm sehr lag, eng zu verbinden. Professor Heyne wünschte zwar, daß der künftige Schwiegersohn zuvor ein Jahr allein nach Wilna ginge. Doch das nahm Therese gern in Kauf: Empfing sie doch während dieser Zeit die wunderbarsten Liebesbriefe von ihm. Nun konnte sie mit anderem Selbstbewußtsein die Göttinger Bälle und Landpartien erleben und »mit vier Liebhabern tanzen, ohne sich zu verplempern«, wie sie später behauptete. Danach fand sie »ihren« Forster zwar »geistig bedeutend«, doch leider nicht so vorteilhaft aussehend wie den Bibliothekar ihres Vaters: Meyer, der sich nur »niemals binden wollte«. So mußte sie sich mit Georg Forster »begnügen«, dessen »durch Kindesblattern und Skorbut eingeschrumpfte Züge sich freilich bei jedem interessanten Gespräch durch Geist und Empfindung wunderbar ver-

schönten«, wie sie selber schrieb, wobei sie noch seine »Sicherheit im Auftreten, seine Bescheidenheit« rühmte, die ihn »in der geistvollsten, wie vornehmsten Gesellschaft angenehm machten, zumal er sich nicht nur im Deutschen, sondern auch englisch und französisch leicht und klar auszudrücken verstand ...«
Und dann präzisierte sie die Gründe, die sie bestimmten, ihn zu heiraten, mit »Herzlichkeit, Jugendmut und Stolz, mit dem berühmten Mann ein ernstes Schicksal zu teilen«.
Ein ernstes Schicksal fürwahr.

1785 findet die Hochzeit statt, und die »Hochzeitsreise« gen Osten führt sie über Kassel, wo sie mit dem »hünenhaften, verschwenderischen, ja gewalttätigen« Vater ihres Mannes, dem Naturforscher Reinhold Forster, sich (im Gegensatz zum Sohn) vorzüglich versteht, über Weimar, wo die Herders von Therese, »der lieben kleinen Frau mit den Glanzaugen«, die »wie der lebendige Hauch Gottes das stille Meer unseres Wesens belebte«, so angetan sind, daß sie ihr später den eigenen Sohn in Pension geben ...
Doch als sie endlich im fernen Wilna landen, muß Forster alsbald erfahren, wie enttäuscht Therese von Stadt, Menschen und Land ist. Dennoch glaubt er noch lange an die Erfüllung dessen, was er ihr einst geschrieben: Wonach »sein wahres Glück« erst beginne, wenn sie bei ihm wäre: »Alles andere in meinem Dasein war Vorbereitung. Sie erst werden meiner Seele das zarte Gehäuse bauen helfen, in welchem das Gewebe der

erlesensten Ideen, Gedanken und Taten weiterwesen wird.« Dieser schwärmerische Forster, der sein ganzes Leben lang unter dem Druck eines übermächtigen Vaters gestanden, der sich kaum eine körperliche Erfüllung gegönnt hatte, er verfiel nun dieser Therese so sehr, daß er wirklich glaubte, zum ersten Mal in seinem Leben glücklich zu sein. Erschütternd, wie Ina Seidel in ihrem Georg-Forster-Roman »Das Labyrinth« ein geselliges Beisammensein in der Wohnung des jungen Paares schildert, wobei Therese eine bezaubernde, anregend sprühende Wirtin macht und Forster enthusiastische Zuhörer findet, so daß er, als die Gäste gegangen, glücklich Thereses Zimmer aufsucht, wo die geliebte Frau ihn, wie er hofft, ebenso glücklich erwartet. Statt dessen findet er sie wild schluchzend auf ihrem Bett, wo sie dem tief Erschrockenen außer sich zuruft, daß sie weder diese Leute noch dieses Land, noch diese Stadt ertrüge und – was das Schlimmste sei – daß *er* sich hier behage, er, Georg Forster, dem noch vor kurzem die Welt offen stand und den selbst seine Freunde jetzt vergäßen.

»Ich komme um in Wilna, ich komme in mir selber um, und du – du sollst nicht immer nur taglöhnern: Die Welt sollst du erobern, große Projekte ausführen ...« Und wirklich gelingt es Forster nach diesem zum ersten Mal von ihm erlebten Ausbruch ihrer vulkanischen Natur, von der russischen Kaiserin Katharina den Auftrag für eine Entdeckungsexpedition nach der Südsee als wissenschaftlicher Leiter mit unbeschränkter Vollmacht zu bekommen.

Ein Gehalt von dreitausend Rubeln jährlich würde auch

der Frau mit ihrer inzwischen geborenen Tochter ein standesgemäßes Auftreten ermöglichen – in Göttingen, dort, wo dem »Weltreisenden« vorerst der Ehrendoktor verliehen wird, der sich nun überglücklich an die Vorbereitungen für die dreijährige Expedition macht.
Dann aber zerschlägt sich der Auftrag durch den Krieg der Russen mit den Türken, und Forster muß nicht nur den Traum, wieder in die Südsee zu fahren und der »Berühmte, Einmalige« zu sein, begraben, sondern auch erfahren, daß Therese (während er unterwegs war, Mitarbeiter zu verpflichten) dem schönen, gewandten Bibliothekar Meyer verfallen ist. Und nun nicht mehr als das junge Mädchen, das sich »niemals verplemperte«, sondern als verheiratete Frau, die trotz aller Bemühungen neben ihrem Mann nicht glücklich geworden war.
Ihrem Vater, der Forster überaus schätzte, gelingt es, den völligen Zusammenbruch der Ehe zu verhüten und Georg die Stelle als Oberbibliothekar an der Universität in Mainz zu verschaffen, wo sein noch nicht vergessener Ruhm und Thereses geselliges Talent viele Durchreisende zu ihnen führen. Zumal man ja hier nicht nur der Kaiserkrönungsstadt Frankfurt benachbart ist (wo 1790 Kaiser Leopold II. und 1792 Kaiser Franz II. gekrönt werden), sondern auch Frankreich mit seiner Revolution. Gründe, die auch Caroline die Stadt so anziehend machten!
Erneut versuchen die Eheleute ihr offenbar schwieriges Zusammenleben zu bewältigen. Eine zweite Tochter wird geboren, und die bereits erwähnte Studienreise mit dem achtzehnjährigen Alexander von Humboldt gibt

Forsters Mainzer Existenz ebenfalls neuen Auftrieb. Doch bei der Heimkehr – noch aufgewühlt von dem Erlebnis auf dem Marsfeld bei Paris, wo Ludwig XVI. sich die Jakobinermütze aufs Haupt setzte zum Zeichen, daß er die Sehnsucht des Volkes nach Gerechtigkeit und Wohlstand auch für den kleinen Mann erfüllen wollte – da muß Georg erfahren, daß sein junger Freund und Hausgenosse, der Diplomat Ferdinand Huber, mehr als ein treusorgender Beschützer seiner Familie geworden ist. Und obwohl dem Heimgekehrten das kaum verheimlicht wird, will Forster weder den »nur verwirrten« Huber aufgeben (der freilich auch die schwierigen wirtschaftlichen Probleme seines Hauswesens ordnete), noch seine dennoch geliebte Therese. Man bleibt zusammen, gestützt von den Gedanken der neuen Zeit, die jedem Menschen – auch den Frauen – die absolute persönliche Freiheit zur Selbstfindung des eigenen Wesens zugestehen: »Freiheit der Persönlichkeit und Beglückung des Volkes müssen die Triebkräfte unseres Lebens, unseres Selbst bleiben«, so hatte Georg selber einmal gefordert. Und als Therese fragte: »Freiheit auch für die Frauen, deren Fehltritte doch so bitter von der Gesellschaft gerügt werden?« Da antwortete er: »*Ich* hasse alles, was der Freiheit des Einzelnen in den Weg tritt, was einer Knospe, einem Keim verbietet, sich zu entwickeln, Blüten und Früchte zu tragen ...«

Von solchen, ja auch heute wieder modernen Gedanken durchdrungen, gelingt es Forster – freilich unter Schmerzen – die Beziehungen der beiden zu tolerieren, obgleich Therese inzwischen zwei Kinder (wahrscheinlich von Huber) geboren und... wieder verloren hat. Erst das Anrücken der preußisch-österreichischen Alliierten zerschlägt den gordischen Knoten. Und mit Thereses Flucht aus Mainz und damit aus ihrer Ehe, beginnen nun die härtesten Prüfungen ihres bisher noch unerprobten Charakters.

Nachdem Therese mit ihren beiden Töchtern sich nach Neuchâtel, der damaligen preußischen Enklave Neuenburg, begeben hatte, wurde sie – nach Hubers Ankunft – zuerst einmal als »politisch Suspekte« ausgewiesen. Und selbst in dem kleinen Juradorf Bôle, wo sie eine Zuflucht fanden (durch einen ehemaligen Schüler Heynes), durfte die von ihrem Gatten getrennt Lebende nicht mit dem Geliebten unter einem Dach wohnen. Huber mußte ein eigenes Domizil mieten und sie selber in zwei winzigen Zimmern eines Bauernhauses mit Töchtern und Magd kampieren. Nur tagsüber kam der Geliebte, um mit ihr inmitten der spielenden Kinder zu arbeiten. Er hatte, seines Mainzer Diplomatenpostens durch die Kriegswirren enthoben, sich auch von der Dresdener Regierung getrennt, um als freier Schriftsteller mit Therese und ihren Kindern zu leben. Seit den Leipziger Freundschaftstagen mit Schiller und Körner im Hause Stock träumte er sich ja ebenfalls als Dichter, der nun freilich – vorerst – nur mit Übersetzungen aus dem Französischen gefragt war. Die sprachgewandte Therese, die ihm mehr und mehr dabei half, begann schließlich selber zu »dichten«, wie sie später den Beginn ihrer Schriftstellerlaufbahn charakterisierte:

»Ich schreibe das Papier voll, Huber bringt es ins Reine, drückt aus, wo ich nur angedeutet, schneidet ab, wo mein Herz überfloß.« So entstanden die ersten gemeinsamen Erzählungen und Romane (nach dem Vorbild der begehrten englischen Literatur) neben Haushalt, Kindererziehung, Nachbarschaftshilfe und Liebe. Nach zwei Jahren gelang es Huber endlich, redaktioneller Mitarbeiter des Cottaschen Blattes »Weltkunde« zu werden. Das aber bedeutete Trennung der – nach Forsters einsamem Tod in Paris – endlich Vermählten. Erst als Huber die redaktionelle Leitung der »Allgemeinen Zeitung« in Stuttgart übertragen wurde, wohin er seine Familie nachholen konnte, ließen seine guten Umgangsformen, sein Charme und Wissen sowie Thereses noch immer sprühendes Temperament ihre bescheidene Stuttgarter Wohnung zu einem kleinen geistigen Mittelpunkt werden. Doch jetzt kamen fast Jahr um Jahr Kinder, die zwar meist nach wenigen Monaten, aber oft nach langer Krankheit starben, und Therese mußte weiter von früh bis spät mit geringer Hilfe am Waschbrett wie am Schreibtisch, in Küche, Keller, am Kinderbett und im Garten wirken. Dennoch wankte die Liebe zwischen den beiden Menschen nicht. Immer stärker, so liest man, wuchs die Zuneigung, die gegenseitige Achtung, ihr Vertrauen zueinander, daß man sich beeindruckt fragt: War Therese also doch nicht der »satyrische Drache, der ein Bataillon Männer kommandieren könne, da sie doch selber zehntausend Teufel im Leib hat«, wie der langjährige Freund Börne, gewiß scherzhaft, meinte?

Sie selber hat einmal geschrieben: »Die wahre Liebe ist

immer nur zweierlei: Tochterliebe, wo sie die Schwächere ist, Mutterliebe, wo sie die Stärkere ist.«
Und offenbar war Forster ihr wegen seiner starken sexuellen Bindung an sie keine Vaterfigur und als geistige Persönlichkeit wiederum zu überlegen gewesen, als daß sie ihn »mütterlich« hätte lieben können.
Huber dagegen, von früh auf zart, anlehnungsbedürftig, von seinem Vater, Professor für Sprachen, der in Paris seine nicht ungebildete französische Haushälterin geheiratet hatte, liebevoll und systematisch unterrichtet, konnte also sehr wohl »das Kind« sein, das die starke Therese lieben, schützen, halten durfte. Dagegen half der Hochgebildete ihrem unvollständigen Wissen auf und vermittelte ihr seine – französische – Eleganz und Sicherheit im Auftreten. Beide ergänzten sich also auf eine Weise, daß ihre Schwächen sich ausgleichen und ihre Stärken blühen konnten in dieser »auf echte Partnerschaft gegründeten Gemeinschaft«, wie Therese die ideale Ehe – auch im heutigen Sinne – forderte.
Und als nach sechs Jahren so bestandener Prüfung die »Allgemeine Zeitung« nach Ulm verlagert wurde, Huber als bayerischer Staatsbürger nun wieder Beamter werden konnte – mit dem klingenden Titel eines »Landesdirektionsrats« –, da schien für die beiden endlich das volle Glück gekommen.
»So steigst du denn Erfüllung, schönste Tochter des größten Vaters, segnend zu uns nieder«, zitierte Huber überglücklich aus Goethes »Iphigenie«, und Therese antwortete ebenfalls mit einem klassischen Zitat aus Schillers »Hymne an die Freude«, die zur Zeit seiner

innigen Freundschaft mit dem jungen Huber entstanden war:
»Allen Sündern soll vergeben und die Hölle nicht mehr sein.« Was doch wohl hieß, daß der Tantalidenfluch, der seit der gemeinsamen Schuld an Forster auf ihnen lastete, endlich aufgehoben sein möchte. Doch sie irrten. Das von Therese stets gefürchtete Schicksal (das sie offenbar durch immer neue Schläge zu einer Persönlichkeit prägen sollte), nahm ihr ein knappes Jahr später zwei ihrer Töchter, darunter des Vaters Lieblingskind, die sechsjährige Adele, der er, Huber, kurz darauf selber folgte ...
Von einer Reise nach Göttingen zu dem Schwiegervater Professor Heyne, der auch Huber endlich seine Liebe geschenkt hatte, schrieb er Therese noch den zärtlichen Gruß: »Mein Liebstes, Fernstes, Nahes, Du mit allen Deinen Kindern, großen und kleinen ...« Dann erlosch seine schwache, von ihr gewiß ständig gespeiste – und vielleicht überforderte? – Lebenskraft.

Vierzig Jahre alt war sie zu dieser Zeit, 1804, hatte zehn Kindern das Leben geschenkt (von denen sie sechs wieder verlor) und mußte nun dankbar sein, im Diensthaus des Forstmeisters von Greyerz (dem Gatten ihrer Tochter Claire), einem schloßartigen Gebäude in Günzburg, mit ihrer Familie unterzukommen.
Sechs Jahre lebte sie dort, zog die ihr verbliebenen Kinder auf, betreute auch, wie es damals üblich war, Studierende, u. a. den jüngsten Sohn Herders, seines Vaters Ebenbild, in dem sie dessen Genialität zu wecken hoff-

te. Zwischendurch schrieb sie, wie zu Lebzeiten ihres Mannes, Erzählungen, Romane, um mit den Honoraren vor allem dem einzig ihr verbliebenen Sohn, Victor Aimé Huber, die bestmögliche Erziehung seiner Zeit geben zu können. Schon den Sechsjährigen schickte sie, da weit und breit keine öffentliche Schule war, in das berühmte Schweizer Internat pestalozzischer Prägung nach Hofwyl; während sie die Töchter selber unterrichtete und erzog nach den von ihr als »einzig richtig« bezeichneten Grundsätzen, nämlich: »Den Menschen geistig frei zu machen durch die Lektüre der besten Werke der Geschichte, die das selbständige Denken fördern, auch den Sinn für die Künste wecken und so jene heitere Beschwingtheit auslösen«, wie sie Luise, ihre Lieblingstochter, besaß: »Das tanzt und singt und lacht, hat ganz des Vaters (Huber) sanften Witz und weiß so wenig, ahnet so viel und genießt ihre Tage. Das wahre Bild der Jugend«, so schrieb sie beglückt von diesem anmutigen Ergebnis ihrer Erziehung, kurz bevor sie eben von dieser Tochter so bitter enttäuscht wurde!

Die erst Sechzehnjährige hatte sich heimlich mit Emil von Herder, dem geliebten Pflegesohn der Mutter, verlobt und bestand auf der Heirat mit ihm, obgleich Therese dadurch die Pläne, die sie mit dem Sohn des großen Herder ebenso wie mit ihrer Tochter hatte, vereitelt sah.

Nach der traurigen Hochzeit und der Abreise der beiden, trachtete Therese, das abgelegene Grünzburg zu verlassen, denn auch Tochter Claire, der sie anfangs bei der Führung des großen Schloßhaushaltes helfen konnte, schien das Mitwirken der Mutter nicht mehr zu benötigen...

Sie reist nun, schreibt Berichte, ja, erfolgreiche Bücher über ihre Fahrten, bis ihr für die damalige Zeit Einmaliges gelingt: Von Cotta, dem berühmten Verlegerfürsten, die selbständige Schriftleitung seines »Morgenblattes für gebildete Stände« zu bekommen, einer Zeitschrift von großer Auflage, die täglich erschien, gewissermaßen als feuilletonistische Ergänzung zu der rein politischen »Allgemeinen Zeitung«! Und Therese geht an diese Aufgabe wie ein fachkundiger Experte nach genauem Plan, wonach außer flüssig geschriebenen Berichten über Natur und Weltgeschichte, Biographien, Betrachtungen, Gedichten, auch Romanauszüge und Besprechungen neu herausgekommener deutscher und ausländischer Bücher mit Inhaltsangaben und Stichproben erscheinen. Sogar ältere Werke versucht sie zu rezensieren und aktualisieren, um sie auf diese Weise der gegenwärtigen Generation nahezubringen. Endlich beginnt sie ihre literarischen Erzeugnisse – bisher unter Hubers Namen erschienen – selber zu signieren und zugleich jede ihrer insgesamt zweitausend Nummern mit einem Motto zu versehen, nach dem alle Beiträge ausgerichtet waren. Alles in allem eine überzeugende Leistung, deren Wirkung auf das öffentliche Leben ihrer Zeit – einer der unsrigen durchaus vergleichbaren Schwellenzeit – noch zu erforschen ist!

Damals jedenfalls, als sie nach zwei Jahrzehnten wieder ihre Geburtsstadt Göttingen besuchte, war ihre »schokkierende« Vergangenheit nur noch ein Anlaß, ihre Trägerin »höchst interessant« zu finden. Zwar hatte schon

Göttingens berühmte Zeitschrift »Die Gelehrten Anzeigen«, über ihre »Reise nach Holland« ausführlich berichtet und mit dem Ausruf geendet: »Wo neben hellem und gesundem Verstand eine solch jugendliche Regsamkeit und Grazie der Phantasie sich zeigen, da haben die Reize der geistigen Weiblichkeit nichts von den zerstörenden Einflüssen des herannahenden Alters gelitten ...«

Herannahendes Alter? Therese war 1812, als die Besprechung erschien, achtundvierzig und »glich fast einer Dreißigjährigen in ihrer unwahrscheinlichen Lebendigkeit«, wie die Göttinger Damen behaupteten: »Zwar ist ihre Natur wie einst subjektiv und streitbar, doch zugleich von unerfindlicher Weichheit bei unermüdlicher Kraft.«

Unerfindliche Weichheit bei unermüdlicher Kraft, subjektiv und streitbar – genau das kennzeichnet jene »erfolgreichen Magier, die voller Schwung, Gefühl und Kraft ihre Anhänger in einen Rausch versetzen, der ihnen ein Ahnen von Glück schenkt«, schreibt Professor Koch in seiner Abhandlung über den Erfolg, den er »einen modernen Ausdruck für Charisma« nennt: Ein Rausch wie von einer Droge, der sich, wie dieser, immer wiederholen muß durch ... neue Erfolge, da »die Autorität des Charisma ihrem Wesen nach unbeständig ist«, wie Max Weber bereits festgestellt hat«.

Und dieses »Charisma« sicherte den literarischen Erzeugnissen Thereses – ihrer Anlage nach mehr Lehrerin als Schriftstellerin – damals, Ende des 18. Jahrhunderts, als Aufklärung, Sturm und Drang, Französische Revolution jeden – auch die Frauen – einer neuen

Epoche entgegenfiebern ließen, zwar viele Leser, aber, wie erwähnt, keine künstlerischen Erfolge.

War es dies, weshalb ihre Furcht vor dem Schicksal nicht weichen wollte?

Heimgekehrt nach Stuttgart, erlebte sie abermals ihre Machtlosigkeit vor »des Geschickes Mächten«, und wieder durch die Lieblingstochter Luise. Gedrängt von der Mutter, hatte sich die junge Frau von Herder nach kurzer Ehe von ihrem Manne wieder getrennt und war in den folgenden sechs Jahren die »Seele« des mütterlichen Besucherkreises geworden – ganz wie Carolines Tochter Auguste es einst den »Frühen Romantikern« gewesen war.

Doch während Thereses nun häufiger Abwesenheit, hatte Luise sich heimlich mit dem geschiedenen Mann getroffen und bestand schließlich erneut auf der Ehe mit ihm, dessen Persönlichkeit und Einkommen der Mutter auch jetzt noch kein Garant für ein fruchtbares Zusammenleben mit der zarten Luise war.

Zwar kam es zu einer äußerlichen Versöhnung zwischen ihr und dem Schwiegersohn. Aber dann nahmen Geburt und Tod der Kinder in der sehr glücklichen Herder-Ehe Luises Kraft und Zeit immer mehr in Anspruch: Therese mußte immer längere Zeiten ohne eines ihrer »Kinder, großen und kleinen« bleiben – und vermochte es nicht. Denn auch ihren Sohn Aimé konnte sie nicht, wie gehofft, dazu bewegen, Medizin zu studieren. Er fühlte sich zum Reiseschriftsteller berufen, verlebte viele Monate im Ausland – in Spanien vor allem – und interessierte sich kaum für die Probleme der Zeit, die der Mutter so sehr am Herzen lagen. Zwar wünschte auch er, daß das deutsche Bürgertum, frei von den Zwängen der Kirche, über eine weltbürgerliche Gesinnung hinaus, sich einen nationalen Staat schaffe und sich in diesen verantwortlich einfüge – also »eine Entwicklung vom Untertan über den Weltbürger zum Staatsbürger« nehme –, so wie es das napoleonische und nachnapoleonische Frankreich in Thereses Augen bereits realisiert hatte. Aber als dann alle Reformen, von Preußen einst so begeistert in Angriff genommen, an der Furcht der deutschen Fürsten vor den »revolutionären Umtrieben« gescheitert waren, wollte der Sohn lieber weiter reisen und darüber schreiben; Berichte, die Therese, bevor sie im Buch erschienen, in ihrem Blatt – unredigiert! – drucken mußte.

Erst nach ihrem Tod, 1829, bemühte sich der nun fast Dreißigjährige um eine Professur für neuere Geschichte und abendländische Sprachen, die er in Rostock, Marburg und schließlich in Berlin 1843/51 ausübte, wo er jetzt im Herzen der Kämpfe stand, von denen ihm einst die Mutter gesprochen hatte. Da endlich erwachte auch in ihm Thereses unternehmerischer Geist. Er wurde – als Gegenspieler von Marx – Mitbegründer der preußisch-konservativen Partei, gab die Zeitschrift »Janus« heraus, in der er eine genossenschaftliche Gesamtordnung und das Prinzip der Assoziation vorschlug, das die Arbeiter sozial sichern konnte. Schließlich legte er sogar seine Lehrtätigkeit in Berlin nieder und ging nach Nöschenrode im Harz, wo er »Die Selbsthilfe der arbeitenden Klasse durch Wirtschaftsvereine und innere Ansiedlung«, wie er

seine Veröffentlichung von 1848 nannte, mit den dort ansässigen Handwerkern praktisch erprobte!
Ein großartiger Einsatz dieses »Wegbereiters eines gesunden Sozialismus«, wie man Aimé Huber später begriff, dessen selbstlose Hingabe an *seine* Aufgabe der eines Georg Forster durchaus würdig war... Geheimnisvolles Wirken über den Tod der schicksalhaft verbundenen Menschen: Forster – Therese – Huber – hinaus durch den Nachkommen, den Therese mit so viel Inbrunst, Opfer, Hoffnung geboren, erzogen und ausgebildet hatte...
Zu Lebzeiten freilich trug sie an der Enttäuschung über den Sohn schwer, zumal Aimé sich bald darauf mit Cotta überwarf, der Aimés spanische Reisebriefe nicht unredigiert drucken wollte. Therese, die natürlich den Sohn verteidigte, bekam anschließend nun mit Cottas Sohn Streit, den sie allzu intensiv, wie es ihre Art war, in die Redaktionsarbeit eingeführt hatte, und der sich nun ihrer »Herrschaft« entzog.
Nach erregten Auseinandersetzungen beschloß sie – leidenschaftlich wie eh und je, sich nach Augsburg abzusetzen, wohin Cotta sein Blatt verlegen wollte. Dort war jetzt ihr Schwiegersohn von Greyerz als Kreisforstmeister tätig, sie konnte sich wieder mit ihrer Tochter Claire und den geliebten Enkelkindern vereinigen.
Zu spät erkannte der allezeit hilfreiche Cotta die wahren Gründe ihres Umzugs: die Sehnsucht nach ihrer Familie, und vermutete (sein eigener vager Umzugsplan war gescheitert), Therese wolle nach dem Streit mit seinem Sohn zum Verlag Brockhaus nach Augsburg überwechseln und... kündigte ihr empört.

Da saß sie nun wieder im »Pißpott« – wie die Ilsebill aus dem Märchen vom »Fischer un siner Fru«, deren Maßlosigkeit den immer helfenden Butt schließlich doch überfordert hatte. Ohne geregelte Einkünfte, ohne zu wirken, ohne umworben zu werden, ja, nun auch fast ohne Schwung, sich neue Auftraggeber zu suchen. (Nur gelegentlich schrieb sie noch für ihr früheres Blatt und dann notgedrungen auch für Brockhaus.) Zwar rief sie ihre älteste Tochter Therese Forster zu sich, die, unverheiratet, die damals übliche Existenz einer Erzieherin oder Gesellschafterin mit ihrem komplizierten Charakter nur mühsam bewältigte. Doch deren wenig geschickte Hilfe im Haushalt ließ Therese endlich die geistigen Fähigkeiten der Forstertochter erkennen und sich gestehen, daß sie wohl auch dieses Kind zu sehr nach den eigenen Wünschen erzogen habe – entsprechend einem Ausspruch Luises, wonach die Mutter »zwar die freie Entwicklung ständig preise, jedoch jedes Mal tief enttäuscht sei, wenn ihre Zöglinge andere Wege, als sie es gewünscht, gehen ...«
Und wie ein morsches Haus, von einem geringen zusätzlichen Druck beschwert, scheinbar unerwartet zusammenfällt, so brach nun auch der zähe Organismus der Sechzigjährigen zusammen. Die schon lange sich ankündigenden Leiden: Gicht, Rheuma und nachlassendes Augenlicht – bisher möglichst wenig zur Kenntnis genommen – stürzten auf sie ein wie weiland auf Georg Forster, der 1794 in dem von der Guillotine beherrschten Paris – aus allen Illusionen von einer besseren Welt gefallen – allein ohne Weib, Kinder, Freund; vergessen, von Schmerzen gepeinigt, seinen

einsamen Tod erlebt hatte. Und das Bewußtsein, ihn, »den Edelsten«, verlassen zu haben, zermarterte Therese erneut. Diesem Zustand zu entrinnen, faßte die Alternde also den Entschluß, endlich auch dem ersten Gatten das Denkmal zu setzen, das sie dem soviel unbedeutenderen Huber längst errichtet hatte: Forsters Nachlaß herauszugeben. Und nun trug das bereits bedauerte Heimholen ihrer ältesten Tochter den doppelten Lohn: Dies Forsterkind wurde ihre beste Helferin, die ihr auch den Mut gab, das in der Metternich-Ära durchaus gefährliche Motto »Wer reiner ist als er, werfe den ersten Stein«, ihrem Werk voranzustellen. Sogar bei dessen Erscheinen – zehn Jahre nach ihrem Tod – galt der große Idealist für eine bessere Welt: Georg Forster, noch vielen als ein »Volksfeind«.

»Wer reiner ist als er...« und *sie* hatte ihn betrogen und verlassen! Und sie gestand:

»Auf dem Wege zu mir selbst, war *er* allezeit mein mich unerbittlich vorwärts treibendes Gewissen«, das sie nun mit dieser mühseligen Arbeit endlich entlasten konnte.

Als das Werk getan war, das die fast blinde, von körperlichen und seelischen Schmerzen Gequälte noch einmal alle Kräfte hatte zusammenreißen lassen, durfte sie abermals das Wort von den »Sündern, denen vergeben« und »der Hölle, die nicht mehr sein wird« zitieren, um sich dann, wahrhaft erlöst von ihrem Dämon fallen zu lassen und zu sterben: Ein Mensch, der trotz aller Verirrungen und Wirrungen – sich als »eine der vorzüglichsten Frauen ihrer Zeit«

verwirklicht hat«, wie Wilhelm von Humboldt die lebenslange Freundin noch einmal, nun in einem Nachruf (an Charlotte Diede 1829) pries.

Aus Tagebüchern und Briefen der Therese Huber-Forster

Tagebuch 1783
Ich lebe nicht für mich, sondern für andere. Sogar unglücklich kann ich für andere sein. Aber fest habe ich mir vorgenommen: andere sollen mich immer für glücklich halten, sei mein Schicksal wie es wolle... Wenn jetzt ein Mann und wenn ich ihn hasse, meine Hand forderte – wäre sein Vermögen nur so, daß ich bestehen kann –, ich machte mich elend und heiratete, um meinem Vater, meinen Geschwistern zu helfen...

An Sömmering (Arzt und engster Freund Forsters, 1786)
Mein lieber Freund, Sie wissen nicht, wie sehr wir – Forster und ich – füreinander leben! Ich habe viele Freuden meines Lebens verloren, sie waren meist Täuschungen... Das Glück, das ich jetzt durch Forster genieße, ist keine Täuschung. Und doch würde ich, stürbe er, versuchen, der Welt noch nützlich zu sein und das Leben ertragen...

An Paulus Usteri (2. Januar 1805, nach dem Tode des zweiten Gatten Huber)
Ich bin vernichtet! ... Ich liebte ihn wie in meinem 24. Jahre, als wir uns kennenlernten. Nur unentbehrlicher war er mir im Laufe der Jahre geworden. Ich habe ihn angebetet... mit dem Feuer der Phantasie, mit dem

Drang nach einer unbekannten Ewigkeit, die mir das Leben erhielt, das mich mit tausend Streichen traf...

An Johann Gotthard Reinhold

31. August 1805, Günzburg

Als Huber noch lebte, fand ich – selbst nach mühseligster Tagesarbeit und unter dem Druck der Sorgen bei ihm – mich, meine Menschenwürde, wieder. Nach wenigen Minuten des Beisammenseins mit ihm lösten sich alle Disharmonien in Liebe auf. Ja, selbst wenn er *nicht* da war und mein Geist zu ihm flog, ihm einige Zeilen zu schreiben, legten sich die Stürme meines unbändigen Herzens...

An ihre älteste Tochter, die damals in Colombier bei Neuchâtel im Hause der Frau von Charrière wohnte.

14. Oktober 1805, Günzburg

Am Montag hörten wir fünf Stunden lang Kanonendonner, ohne zu wissen, wo die Schlacht stattfand. Am Dienstag rückten die Franzosen vor. Mittwoch waren sie in Waldstatten, Freitag bei uns! Heute, zwischen vier und sieben Uhr hörte man heftiges Musketenfeuer in der Gegend von Ulm. Jetzt sind sie überall, auch in Augsburg. (Die Stadt kapitulierte am 20. Oktober. Anm. der Herausgeberin). Unser Dorf hat 200 Pfund Brot nach Günzburg geliefert, jetzt ist Ulm vollständig erschöpft, wir erhalten nichts mehr von dort. Die Verbindungen sind abgeschnitten. Dazu schneit es fortwährend, während die Pflaumen noch an den Bäumen hängen! Glücklicherweise sind Kartoffeln und Rüben im Keller...

Am 3. 11. an die Freundin Mariette Hartmann

Napoleon ist in unserer Nähe. Man hat keine Kraft mehr zu schreiben. Alles private Schicksal verschwindet in dem der Nationen. Was sind die persönlichen Leiden gegenüber dem Schicksal derer im unglückseligen Norden? Mein armer Vater! Dort – in Göttingen – haben sie nicht einmal mehr den Halt, den der Parteigeist gibt. Sie haßten die Franzosen, sie haßten die Preußen, und ihr Landesfürst, den sie nicht kannten oder gar liebten, läßt sie jetzt ganz im Stich! Um uns herum ist es wieder ruhig. Unsere einzige Sorge ist, unserem guten König entzogen zu werden! In dieser Zeit ist es ein Trost, seinen Fürsten lieben und ihm vertrauen zu können!

An die älteste Tochter Therese

Günzburg, den 24. Dezember 1809

Am 14. oder 15. ds. Mts. – ich war gerade dabei, irgendeinen Fetzen auszubessern – kommt Bäbele ganz außer Atem, um mir zu sagen, daß eine Dame aus einer mächtigen Kutsche mit großem Gefolge steige, sich Frau von Staël nenne und nach mir verlange. Mir blieb nichts anderes übrig, als so wie ich war, die Besucher zu empfangen. Es waren Madame de Staël, ihre Tochter und der jüngere Sohn in Begleitung von Schlegel auf dem Wege nach Wien, wo die Kinder ihre Erziehung vollenden sollen. Die Gesellschaft blieb von achteinhalb Uhr in der Früh bis vor Mittag, und die Unterhaltung war während der ganzen Zeit vielseitig, abwechselnd, lebhaft, ruhig, kurz: die Zeit ist mir schnell vergangen! Da es nur selten *einen* von zwei Gesprächspartnern gibt, der sich amüsiert, so gefiel es gewiß auch meinen Besuchern. Claire hatte zwischendurch Tee gemacht, Luise Schnittchen, so verlief alles in einer häuslich-ruhigen und zugleich anregenden Atmosphäre. Frau von Staël ist übrigens genau so, wie ich sie mir vorgestellt habe! Viel Geist, eine charmante Gabe, Konversation zu machen, Takt, Gemüt, allgemeines Interesse für die Wissenschaften. Sie spricht gut, aber sie hört genauso gut zu. Sie ist gerecht in ihren Meinungen und freimütig, wenn sie glaubt, zu persönlich zu sein. Ich erkundigte mich nach Frau Brun, ich beklagte die Besorgnis, mit der sie der Gedanke an das traurige Schicksal ihres Landes erfüllen müsse. Sie sagte:

»Frau B. ist in Rom; sie hat mir kürzlich ein Gedicht geschickt, zu welchem die Umstände sie inspiriert haben, aber ohne Details hinzuzufügen, die sie betreffen. Sie glaubt nämlich, daß der Untergang Englands den Kontinent retten wird, sie beschwört diesen in ihrem Gedicht. Da meine Ansicht der ihren entgegengesetzt ist, vermieden wir weitere Details. – Schlegel hat ein Werk in französisch veröffentlicht: eine Gegenüberstellung der Phädra von Euripides und von Racine... Frau von Staël versicherte mir, daß Schlegel sehr genau und sehr elegant französisch schreibe. Übrigens sei er dabei ganz Deutscher geblieben, ja er gestehe, die Franzosen nicht sehr zu schätzen, obgleich er ihre Sprache so gut spricht...«

An Usteri

Günzburg, 2. März 1808

Sagen Sie mir doch, ob unser Zeitalter *ohne* das Gleichgewicht von Kopf und Herz wirken kann! Der eine berechnet die Menschen wie Nummern, der andere behandelt sie wie überirdische Wesen. Das gleiche geschieht bei den Künsten, den Wissenschaften: immer leben und handeln wir in Extremen! Preußens Zustand macht mir ordentlich Angst: Wenn nicht einmal Unglück die Menschen vereinigt – wo bleibt da die Menschlichkeit?! – In den vielfältigsten Broschüren, die erscheinen, zerreißen die Preußen ihre eigene Brust! Was kann da ein Napoleon anderes tun, als diese Menschen, die nicht allein gehen können, zu gängeln? *Wann* war denn Deutschland *eine* Nation? Ich studiere seit November nichts als deutsche Geschichte, und ich finde nirgends einen Mittelpunkt. So frage ich mich: Bin ich eine Deutsche? Sind's meine Kinder? Bayern sind wir heute! Mit Leib und Seele, denn wir haben hier einen Fürsten, der das Gute wünscht. Aber sind wir deswegen keine Deutsche!?

An Hartmann

Günzburg, 16. April 1815

...Das ist der Charakter unseres Zeitalters, daß die Schicksale der Nationen auf die kleinen Einzelschicksale zerstörend wirken.

Und dieser blinde und treulose Haß, diese Vergiftung des Nationalgefühls, welches Unabhängigkeit von seinem Nachbarn fordert, fordern darf! Die Verfälschung der Begriffe von Recht und Unrecht macht meine Seele krank. Als vor 16 Monaten unsere Brüder an den Rhein zogen, hatte ich eine Empfindung wie die des jüngeren Brutus gewesen sein muß. Ich sah freudig jene Nation verjagen, die mir durch lange Lebensschicksale nahe verwandt ist. Ich fühlte etwas Ähnliches wie »Rom, meine Mutter«. Aber jetzt... Von allen Empfindungen ist mir der Haß die tödlichste...!

An Böttiger (Anfang 1817. Seit 1816 ist Therese Redakteurin des »Morgenblattes für gebildete Stände« nachdem sie mehrere Romane und 54 (!) Erzählungen geschrieben hatte. Hier berichtete sie dem Verleger, wie sie den vielfältigen Lesern des Blattes gerecht werden wollte; außerdem machte sie Vorschläge für die Erweiterung des Inhalts der Zeitschrift, nachdem sie die Leser charakterisiert hatte.)
Da ist die *Dame*, der – eingeschlafene – Beamte, der Geck, das wißbegierige Fräulein, die nach Erholung lechzende Hausfrau, und schließlich auch der Gelehrte... Er z.B. wird als gebildeter Mensch das Blatt nur in die Hand nehmen, wenn er in jeder Nummer etwas findet, das seine Neugier erregt, seinen Kopf *und* sein Gefühl beschäftigt und er zugleich echte Fragen beantwortet findet...
Ferner beschäftigt mich die Idee, von *alten* Büchern neue Rezensionen zu veröffentlichen. Die Zeit hat ja nur den Gesichtspunkt verändert. Wenn man jetzt die älteren Werke neu betrachtet – etwa die eines Hübners, eine »Miss Sarah Sampson« etwa, bis zu Goethes »Wilhelm Meister«, so würde das gewiß die Älteren erfreuen, anregen, und die Jüngeren mit ihnen in Kontakt bringen...

An Cotta

Stuttgart 1819

Wenn ich mir zutraute, Ihnen nützlich sein zu können, so war es durch eine gewisse Vielseitigkeit meiner Bildung und Lebensweise, durch welche ich mit allen gebildeten Ständen Umgang habe. Das gibt mir Gelegenheit, den Geschmack des Publikums zu erfahren und bei ihm Interesse an Wissenschaft und Literatur zu wecken...

Ich möchte Sie daher herzlich bitten, meiner Beurteilung des Wertes oder Unwertes eines Aufsatzes, des Interesses oder Nichtinteresses *mehr Glauben* zu schenken. Ich urteile niemals leichtsinnig; suche meine eigene Persönlichkeit stets zurückzustellen und aus einem höheren Gesichtspunkt zu urteilen. Ich ehre *Sie* und Ihren Verstand, aber auch *meinen* Glauben, meine Motive, bester Freund, müssen Sie ein wenig gelten lassen!

An Usteri

Stuttgart, 22. Oktober 1819

Cotta ist seit einiger Zeit gut disponiert trotz des Karlsbader Kongresses! Sie werden aus französischen und deutschen Journalen erfahren haben, daß es diesmal nur *einen* Ausdruck des Abscheus über die Beschlüsse dieser Versammlung gibt. Ich meine, wenn das Gefühl für diesen unbegreiflichen Mißgriff sich ausbreiten würde, könnte das Geschehen wieder gutgemacht werden. Statt daß wir die Zerstückelung Deutschlands als den Grund alles Übels ansehen, glaubt man sogar Vorteile für unseren »Weltbürgergeist« und unsere »wissenschaftliche Kultur« in diesen Beschlüssen erkennen zu können!!

(Anm d. Vf.: Therese hatte in ihrem »Morgenblatt« Artikel und sogar Gedichte über und gegen die Karlsbader Beschlüsse veröffentlicht, ebenso natürlich über den Studenten Karl Ludwig Sand, welcher Kotzebue erdolcht hatte und dafür 1820 hingerichtet wurde. Man vgl. auch die Reaktion von Wilhelm und Caroline von Humboldt auf die Karlsbader Beschlüsse.)

An Frau Dr. Kerner

Augsburg 1825

... Unser Erziehungswesen, unsere Literatur, der Romanschwall und – das Romanlesen, die Teilnahmslosigkeit der gebildeten Stände ist schlimm. ... Dabei kommt es jetzt gerade darauf an, daß *viele* Menschen lesen! Noch liest in Deutschland nur eine unendlich kleine Zahl – im Gegensatz zu Frankreich. Ich habe mir vor kurzem die hiesigen Leihbibliotheken angesehen – welches Zeug! Selbst der Eigentümer der besten hiesigen Leihbibliotheken gesteht, daß ihm selten eine Reisebeschreibung, selten ein Dichter, seltener noch ein Geschichtsbuch abgefordert werde! Allein Romane, Schauspiele sind gefragt – Seelenfutter!

Das letzte Werk, das Therese viel Arbeit und Anstrengung abverlangte, war die Herausgabe des Briefwechsels ihres ersten Mannes: Georg Forster. Er umfaßt zwei Bände zu 1703 Seiten und wurde bei Brockhaus verlegt. An Böttiger, der das Werk rezensiert hat, schrieb sie nachfolgenden Dankesbrief:

Augsburg, den 6.-8. April 1789

Ihre Besprechung der Forster-Briefe, mein geehrter

Freund, ist zu gütig und mit vollkommen richtiger Seelenkunde gefällt. Sie faßten die Herausgeberin und ihre Bemühung so richtig wie möglich auf. Allein: weder Sie, noch ein anderer Mensch errät den Grund unserer unglücklichen Ehe. Man glaubt und muß glauben, eine fremde Neigung habe mich Forster abwendig gemacht. Das war nicht der Fall. Auch ohne die Dazwischenkunft eines Dritten war meine Ehe für mich unselig, da bei mir Gefühl und Geist allein herrschen, während ihn das Geschick mit einer heftigen Sinnlichkeit begabt hatte, die ich nicht ertrug. Mit der Zeit verstärkte sich in uns beiden diese ehezerstörende Gegensätzlichkeit... Damit Sie mich, die Sie so gütig behandeln, einigermaßen richtig beurteilen können, vertraue ich Ihnen diesen Umstand an...

Anmerkung: Obige Briefe von Therese sind auszugsweise und mit kleinen Veränderungen von Rechtschreibung und Satzbau entnommen der Biographie von Ludwig Geiger: »Therese Huber 1764–1829. Leben und Briefe einer deutschen Frau.« Stuttgart 1901 Cottasche Buchhandlung Nachfolger.

2.
Das Geheimnis der Caroline Schlegel-Schelling, geb. Michaelis

4. *Caroline Schlegel-Schelling, geb. Michaelis*

Caroline Schelling = Schlegel = Böhmer geborene Michaelis – wer war die 1763 geborene Professorentochter, die zu den drei berühmten Vater- und Ehenamen noch so mannigfaltige Beinamen erhielt? Von der »bis in die Fingerspitzen Beseelten« und »politisch-erotischen Diotima« zur »Dame Luzifer«; vom »weiblichen Goethe« zur »Madame Schwertlein«, einer Kupplerin also, »von solcher Korruptheit, daß sie sich in einem Moment vom guten ins böse Prinzip wenden kann«, wie Friedrich Schlegel sich empörte, als sie die Brüder Schlegel um Schellings willen verließ. Und gerade er hatte ihr das bezauberndste Denkmal in seinem »Lucinde«-Roman gesetzt!

Wer also war sie? Von Goethe als »vielmännrige Zauberin« geneckt, empfing sie wohl die höchste Ehrung durch den Nachruf, den der damals vierunddreißigjährige Schelling – nach sechsjähriger Ehe – der »treuen und ewig Geliebten« auf den Maulbronner Grabstein setzte: »Jedes fühlende Wesen stehe in Andacht hier, wo die Hülle schlummert, die einst das edelste Herz und den schönsten Geist einschloß.«

Noch heute stehen »fühlende Wesen« vor dem Obelisk, den seit kurzem ein jüngerer Caroline-Verehrer das Jahr hindurch mit Blumenschmuck versieht! Heute – einhundertsiebzig Jahre nach ihrem Tod, den sie übrigens gestorben ist, wie sie es sich immer gewünscht hat: »Sie lag mit der lieblichsten Wendung des Hauptes und mit dem Ausdruck der Heiterkeit und des herrlichsten Friedens auf dem Gesicht«, das »noch einmal die ganze Schönheit ihrer liebevollen Seele« gezeigt, so bezeugte es Schelling mit fast den Worten, die sie selbst einst schrieb: »Wenn ich einmal die Augen schließe, wird es in Frieden und Ruhe der inneren Seele sein.«

So sehr also kannte sie sich, die trotz der Wirrnisse ihres Lebens offenbar jenes »unspaltbaren Kerns« gewiß war, von dem Professor Thoms so überzeugend spricht.

Wie aber war dieser Kern beschaffen, um den ihre Worte immer wieder kreisten? »›Die Herzen der Guten sind heilbar‹, soll im Homer stehen«, so schrieb sie einmal an Wilhelm Schlegel. »Wenn Du mir die Stelle sagst, schenk ich Dir etwas Hübsches. Denn bei Homer hab ich das niemals gefunden, nur in meinem Herzen«. Und nach dem Tode ihres letzten Kindes, Auguste: »Ich verzeihe mir nichts weniger als nicht heiter zu sein. Denn so ist mein innerstes Wesen, daß ein Lächeln grenzen kann an die unsägliche Not.« Solche Sätze in ihren Briefen – noch immer die schönsten in deutscher Sprache – zeigen, wie die weitgespannte Polarität ihres Wesens doch am Ende zur Harmonie fand, weil sie »das Leben des Lebens besaß: die Liebe«, wie Friedrich Schlegel es wußte. Oder wie sie selber – allem Pathos abhold – einmal schrieb, weil »ich recht gut bin«.

Gut zu sein, das galt ihr gleichsam stellvertretend für Gott-nahesein. Im Gutsein wußte sie sich in Ihm geborgen, hatte sie Teil an Ihm, ohne Ihn zu benennen, denn das hieße ja schon fast »statt das Gute um des Guten willen zu tun, es allein um Gotteswillen zu vollbringen«. So widersprach sie Jakobis Forderung im Pantheismusstreit, dessen anderen Ausspruch »Verlasse dich nicht auf dein Herz«, sie ebenfalls fast enthusiastisch ablehnte: »*Ich* müßte mich verlassen auf mein Herz über Not und Tod hinaus!« Um später doch zu erfahren, daß das Schicksal auch sie zwingen konnte, ihr Herz zu verleugnen. Aber niemals verzieh sie es sich, wenn sie auswich vor dem, was sie als ihr Gesetz, ihren »Dämon« (im goethischen Sinne), erkannt hatte. »Sie war treu, weil sie sich selber treu war, und – trotz aller Umwege – die rechte Richtung unerschütterlich im Sinn behielt«, hat Ricarda Huch ihres Wesens Kern beschrieben, was ihre eigene Antwort an Schelling, als er einmal ihr Talent zur Treue bezweifelte, bezeugte‹ »Spotte nicht, Lieber, ich war doch zur Treue geboren und wäre es mein Lebelang geblieben, wenn das Geschick es gewollt hätte. Dieses Bewußtsein von innerlicher Treue hat mir erlaubt, mir (manches) wagend zu erlauben: Ich kannte das ewige Gleichgewicht in meinem Herzen ...« So geradezu kindlich einfach sah die gebildete, kluge, jedoch nicht intellektuelle Frau ihre Existenz in der damals – wie heute – geistig und politisch gespaltenen Welt, in der – mit Napoelon – »von nun an die Politik zum Schicksal« aller wurde.

Wer also aus Carolines Lebenslauf – immer wieder am Abgrund vorbei – auf einen haltlosen Charakter schlösse, der vergißt, daß der Furchtlose im unwegsamen Gelände leichter strauchelt als der stets vorsichtig Ausweichende.

Nein, sie war nicht vorsichtig! Sie vertraute ihrem

Genius und verlor selbst im Kerker nicht das Gefühl für ihre innere Unversehrbarkeit. »Denke, ich sei dieselbe Frau geblieben, geschaffen, um nicht über die Grenzen der Häuslichkeit hinwegzugehen, aber durch ein unbegreifliches Schicksal aus meiner Sphäre gerissen, ohne Abenteuerin geworden zu sein«, so schrieb sie aus der Festung Königstein. Und weiter: »Ich bin wahrlich keine unnatürliche Heldin, nur ein Weib; doch hätte ich die Rolle gespielt, die man mir andichtet, so würde ich vermutlich die Stirn haben, dafür einzutreten. So leide ich, ohne zu erliegen. Schwach macht mich allein der Anblick meines Kindes«; jener damals achtjährigen Auguste, um deretwillen Caroline den Tod hatte wählen wollen, falls ihre uneheliche Schwangerschaft während ihrer Haft bekannt geworden wäre. Der Mut also, für das, was sie als »unumstößlichen Wert« empfand, einzutreten, tapfer bis zum Tod die Folgen zu tragen, stand ihrem »Leichtsinn« als der andere – ausgleichende – Pol gegenüber.

Zu diesen unumstößlichen Werten gehörte es, mitzuhelfen, daß die Führenden ihrer Zeit sich zu den Menschenrechten bekannten.

Als sie einmal einen Brief an die Schlegelbrüder, die ihre Kampfzeitschrift »Das Athenäum« vorbereiteten, scherzend mit »Eure blauäugige Athene« unterschrieb, entsprach der Scherz der Wahrheit. Wie Athene Odysseus vorangeeilt war, so befeuerte sie, Caroline, den Freundeskreis: die Idee der Menschenrechte, die im Pariser Blutbad ertränkt worden war, nun im Geist wieder aufzurichten, so wie die Besten es vor 1789 geträumt, so wie Georg Forster es nach der Eroberung

von Mainz durch die Jakobiner so inbrünstig erwartet hatte.
Und dies große Unterfangen erschien ihr durchaus als die sinnvolle Vollendung nicht nur ihres eigenen Geschicks, sondern das des politisch-kriegerischen Geschehens des letzten Jahrzehnts.
Als Tochter des »Regenten« der Göttinger Universität (wie man den Theologen und Orientalisten Professor J.D. Michaelis nannte) war sie freilich an geistige Kämpfe gewöhnt. In ihrer Kindheit lehrten und schrieben Männer wie Lessing, Heyne, Mendelssohn, Semmler, Lichtenberg. Sie alle standen mit dem in ganz Europa geschätzten Michaelis in Kontakt, den Friedrich der Große so gern nach Berlin geholt hätte.
Aber der Bibelübersetzer und (spätere) »Ritter« Michaelis lehnte das Angebot ab; hatte er sich doch 1763 – Carolines Geburtsjahr – die »Londonschenke« gekauft und das einst vornehmste »Logierhaus für Standespersonen« für seinen Bedarf umbauen lassen. Er empfahl statt dessen dem als fortschrittlich bewunderten Preußenkönig, eine Akademie für Frauen zu errichten: Die Kultur eines Staates müsse auf ungeahnte Weise zur Blüte gelangen, wenn auch der weibliche Geist voll ausgebildet werde. Vergeudung, eine unerhörte Vergeudung sei es, auf dieses geistige Potential zu verzichten! Aber Friedrich II. hatte kein natürliches Verhältnis zu den Frauen; er lehnte ab. Woraufhin Michaelis seine eigene Tochter, die schon als Neunjährige ungewöhnliche Begabung zeigte, auf ein Studium vorbereiten wollte. Doch der große Redner war kein geduldiger Lehrer, zumal er als Vertreter der Auf-

klärung, von der Allmacht des Verstandes überzeugt, keinen Zugang zu der noch ganz im Mythischen ruhenden Sphäre des Mädchens fand. Seinem Schüler und späteren Kollegen Schlözer aber gelang dann der Versuch bei seiner eigenen Tochter Dorte. Neun Jahre später setzte Michaelis ihr den Doktorhut auf die »Florfrisur«.

In dieser Umwelt also wuchs Caroline auf und erlebte nicht nur die »Fürsten des Geistes«, sondern auch die »der Macht« unter den zahlreichen Besuchern ihres Vaters. In »Dichtung und Wahrheit« erzählt Goethe von seinem Besuch bei dem »berühmten« Michaelis. Und Caroline war untröstlich, ausgerechnet ihn, den bewunderten Dichter des »Werther«, versäumt zu haben.

Denn dieser Roman eines bis in den Tod Liebenden war im verspielten »Rokoko«-Zeitalter, das jede echte Leidenschaft belächelte, etwas Unerhörtes: Setzte sie doch der »Aufklärung« das große Natur- und Liebesgefühl entgegen. Weshalb der »Werther«, ebenso wie »Die Räuber« des zuvor ganz unbekannten Militärmedikus Schiller, als Rufe verstanden wurden, aufzustehen gegen »das schlappe Kastratenjahrhundert – zu nichts nütze, als die Taten der Vorzeit wiederzukäuen. Die Kraft seiner Lenden ist versiegt, nun muß die Bierhefe den Menschen fortpflanzen helfen«, wie Schillers Moor ruft und fordert: »Stelle mich vor ein Heer Kerle wie ich und aus Deutschland soll eine Republik werden, gegen die Rom und Sparta Nonnenklöster sein sollen!«

Schon zwei Jahre, bevor Goethe den »Werther« schrieb, hatten ja auch Göttingens Studenten gegen »die Tyrannei der Amtsstuben, auf Fürstenthronen und Katheder«

protestiert, hatten ihre Perücken fortgeworfen, um mit lose im Winde flatterndem Haar allen verstaubten Sitten den Kampf anzusagen: In freien Formen und natürlichen Rhythmen wollten sie fortan dichten, lernen, leben. Professor Michaelis war es, der als einziger der Göttinger Gelehrten zu diesen revolutionären »Hainbündlern« hinausritt, seine Tochter Caroline vor sich auf dem Pferd.

Auch als die von ihrem Herzog zum Heeresdienst nach Amerika verkauften Hessen abtransportiert wurden, hatte er seine Älteste mitgenommen. Und die dabei erlebten Abschiedsszenen hatten Caroline die Augen für den Mißbrauch der Herrscherrechte geöffnet. Jeder der vielen deutschen Fürsten wollte ja damals einen Hof à la Ludwig XIV. führen und jedem war alles recht, womit er sich das Geld dazu verschaffen konnte. Mußte das die Menschen nicht zur Verzweiflung bringen, sie schlecht machen!? Nein, sie glaubte, was Rousseau so begeistert schrieb: Der Mensch sei von Natur aus gut, nur »die Gesellschaft« erlaube es ihm nicht, auf »natürliche Weise« als »guter Mensch« zu leben, so wie Georg Forster (der den englischen Kapitän Cook auf zwei seiner Weltreisen begleitet hatte) die einfach-glücklichen Naturmenschen auf Haiti in seinem herrlichen Buch »Voyage Round the World« geschildert hatte. Als dieser in ganz Deutschland bewunderte »Weltumsegler« ihren Vater, 1781 aus London kommend, besuchte, erschien er der achtzehnjährigen Caroline als der wahre Führer zu jener guten Welt. Und Werthers Wunsch: »Wunder zu tun und ein widerstrebendes Schicksal durch ein glühendes in Schmerz und Freude schwelgendes Herz zu bezwingen«, war auch der ihre. Und obwohl ihre Freundin Therese Heyne ihr kurz darauf den Gleichgesinnten entriß, blieb sie ihm schwesterlich verbunden. Ja, als ihre eigene unerfüllte Ehe mit dem Bergarzt Böhmer durch dessen frühen Tod ihr Ende fand, folgte sie Thereses Ruf nach Mainz, wo Forster, Professor der Naturwissenschaften, nun die Universitätsbibliothek leitete. Seine Ehe verlief so überaus tragisch, wie Caroline es befürchtet hatte. Selbst als Therese ihren Mann mit seinem Freund Huber betrog, konnte sich Forster, als er davon erfuhr, nicht von ihr lösen. Auch Caroline vermochte sie nicht zu verurteilen: Sie kannte Forsters Liebenswürdigkeit, seine Größe, seine Begeisterungsfähigkeit, aber auch seine ungewöhnliche Schwäche; und sie kannte Therese – ihren Zug zum Großen, ihre Energie und Kühnheit –, so daß auch sie, Caroline, in allem, was Therese anderen antat, »die konvulsivischen Bewegungen einer großen Seele« sah, »die nicht zur Harmonie finden konnte«. Diese große Seele, die schon den jungen Wilhelm von Humboldt während seines Besuchs im Hause Forster – 1790 – so beeindruckt hatte, daß er über vierzig Jahre lang mit Therese korrespondierte und ihre Originalität und Lebenskraft noch nach ihrem Tode pries.

Was aber Caroline bei ihrer Ankunft in Mainz 1792 nicht voraussehen konnte, war, daß die französische Revolution, von inneren Schwierigkeiten gedrängt, sich anschickte, die Welt draußen zu »befreien«. Die von den Menschenrechten begeisterten Sansculottes zogen noch im gleichen Jahr an den Rhein, wo sie fast überall offene Tore fanden, auch noch, als Preußen und Österreich zum Gegenfeldzug aufbrachen. Unter ihnen der preußische General Karl August, Herzog von Weimar, dessen »Kriegsberichterstatter« Goethe noch »zwei lebhafte Abende im Hause Forster« verbrachte (»Dichtung und Wahrheit«), bevor die Alliierten bei Valmy im Schlamm stecken blieben.

Die Jakobiner hatten freie Bahn: sie eroberten Hochheim, Frankfurt, Mainz, wo Forster sich dem schnell gebildeten »Republikanischen Club« anschloß und der französische Kommandant de Thionville ihn schließlich nach Paris beorderte, das Erzbistum Mainz der französischen Republik anzugliedern. Die preußisch-österreichische Allianz, die bald darauf Mainz zurückeroberte, verurteilte ihn dafür (in Abwesenheit) zum Tode.

Caroline aber, die während der Belagerung in Mainz geblieben war, den vereinsamten und überlasteten Freund zu betreuen (nachdem Therese mit ihren Kindern die Stadt verlassen hatte), wurde von den gleichen Allierten mit ihrer Tochter auf Festung gebracht – als Geisel für Forster, der sich nach Paris abgesetzt hatte.

Ihre Lage schien hoffnungslos.

Keinem ihrer Freunde, auch Wilhelm von Humboldt nicht, der sich für sie einsetzte, gelang es, sie zu befreien. Erst ihr jüngster Bruder – Medikus bei den Preußen – brachte ein Handschreiben Friedrich Wilhelms II., der seinem »wohlgelehrten und besonders lieben Doktor medicinae Michaelis glaubte«, »daß seine auf Königstein befindliche Schwester nichts verschuldet habe« und sie freiließ.

Jedoch ohne Wilhelm Schlegels erneute Hilfe – er hatte ihr bereits das erbetene »unauffällig wirkende Gift« in die Festung geschickt – hätte sie dennoch nicht überlebt. Denn die fast Dreißigjährige erwartete ein Kind von einem 19jährigen Jakobineroffizier, dem sie sich nach einem Fest im Mainzer Schloß – von allen verlassen – hingegeben hatte. Für ihre Richter würde dies Kind ihre – angebliche – Liebschaft mit Forster beweisen und ihre Geiselnahme rechtfertigen.
Wilhelm Schlegel aber, damals Hofrat in Amsterdam eilte mit falschen Papieren für eine »Madame Krantz und Tochter« herbei, sie nach Lucka zu bringen, wo sie im Hause eines Arztes das Kind, einen Sohn, zur Welt bringen konnte – betreut von Wilhelms Bruder Friedrich, der im nahen Leipzig studierte. Und dieser neun Jahre Jüngere war von ihrem Geist und ihrer Standhaftigkeit in übler Lage so tief beeindruckt, daß er alsbald allein um des Bruders willen »alle Liebe in sein Inneres zurückdrängen« mußte, »wo es brannte und sengte«, wie er später in seinem Lucinde-Roman gestand. Und als der Sohn, dessen Pate er wurde, geboren war, riet er dem Bruder, Caroline zu heiraten, da keine deutsche Stadt die »Vaterlandsverräterin Böhmer« aufnehmen würde, nicht einmal ihre Vaterstadt Göttingen.
Doch obgleich eintrat, was Friedrich prophezeihte, lehnte Caroline Wilhelms Antrag damals ab. Denn in Braunschweig, wohin Mutter und Schwester nach des Vaters Tod zogen, genehmigte man auch ihr den Zuzug. Und erst dort – drei Jahre später – gab sie Wilhelm Schlegels Drängen schließlich nach. Denn der kleine Franzosensohn war gestorben, und Schiller hatte den

begabten Dante- und Shakespeare-Übersetzer Schlegel, an dessen Arbeit sie bereits teilnahm, aufgefordert, als Mitarbeiter der »Horen« nach Jena zu ziehen.
»In Goethes Nähe«, jubelte Caroline, als sie mit Mann und Tochter in das Gartenhaus im »Paradies« (wie Jenas Wiesengelände hieß) einzog, von dem sie dann in das geräumige Haus am Roten Turm überwechselte. Denn Friedrich hatte sich zu ihnen gesellt. Aber Schiller lehnte den geistreichen Witz des jüngeren Schlegel ab, so daß Friedrich nach Berlin zog, wo er in den dortigen Zeitschriften Schillers allzu bissige Xenien und schließlich selbst dessen Gedichte so witzig besprach, daß der kranke Dichter, überaus empfindlich für jede Kritik, auch auf Wilhelms Mitarbeit verzichtete. Auf diese Weise erfüllte sich Friedrichs langgehegter Wunsch, eine eigene literarische Zeitschrift herauszugeben – zusammen mit den Freunden Hardenberg-Novalis, Tieck, Fichte, Schelling – Jünglinge, von denen nur Fichte die Dreißig schon überschritten hatte.
Die jetzt dreiunddreißigjährige Caroline aber sollte ihr Mittelpunkt, ihre »Athene«, ihre »Diotima« sein (die zugleich den Mittagstisch für täglich 10–14 Personen bereitete, denn das Geld war bei allen knapp!). Und Goethe würden sie zum »Statthalter der Poesie auf Erden« erklären. Goethe – nicht Schiller, der doch Schlegel nach Jena gerufen hatte! Was den »Literaturpapst von Jena« dann so empörte, daß er von Caroline nur noch als einer »Dame Luzifer« sprach, welche junge Männer »in die Hybris« triebe.
Ihren Freunden aber galt sie als der »weibliche

Goethe«, denn sie hatte Goethes neues Werk, den Wilhelm-Meister-Roman, in seiner ganzen Bedeutung erkannt und Friedrich Schlegel dazu verpflichten können, das von allen deutschen Kritikern verrissene Buch im »Athenäum« zu besprechen. Und Friedrich gelang dies auf eine bis heute gültige Weise. Goethe ließ sich daraufhin die Verehrung der jungen »Romantiker« (wie sie sich im Sinne Rousseaus nannten) gern gefallen. Romantik heißt bei Rousseau ja »die Einheit von landschaftlichen und seelischen Qualitäten«, also von Wirklichkeit und Ideal. Und diese »frühen« Romantiker wollten nicht – wie die späteren – nur gefühlvolle Dichter sein. Sondern vorerst einmal Gelehrte, die freilich auch die realen »Fakten«, von Geist und Gefühl durchleuchtet, also schöpferisch, ins Bild gesetzt sehen wollten:

»Lernt nur, um selber zu schaffen! Nur durch dieses göttliche Vermögen der Produktion ist man wahrer Mensch. Ohne dasselbe nur eine leidlich klug eingerichtete Maschine«, lehrte der 23jährige Schelling, von Goethe nach Jena berufen, seine begeisterten Hörer: »Flügel wird die neue Naturwissenschaft dem Denken geben, es spekulativ durchdringen und so das metaphysisch-mechanische Denken der bisherigen Naturwissenschaft überwinden, es zur Kunst erhöhen, die das ›wahre Organon‹ der Philosophie ist.«

Das zu hören war Goethe durchaus genehm, der damals sein »zeitgenössisches« Epos »Hermann und Dorothea« in antiken Versen dichtete – mit Schiller um das Klassische ringend, das die überstarken Gefühle durch Gesetz und Maß zügelt. Gern würde er häufiger mit

5. Auguste Böhmer, Tochter Carolines aus erster Ehe

6. Friedrich Schelling, Jugendbild, gemalt von Friedrich Tieck

Schelling philosophieren, sagte er und lud ihn immer wieder nach Weimar ein.
Jedoch »das letzte Ziel der Menschheit«, das die Romantiker in der »Einheit von Wissen-Glauben-Wollen, von Denken *und* Anschauung, Bewußtsein *und* Unbewußtsein, Freiheit *und* Notwendigkeit, Wille *und* Willkür« sahen – verknüpft durch das Band der »unendlichen Liebe«, von Schelling »copula« genannt« –, dies »Ein-und-Alles« der romantischen Liebe erlebte Goethe erst fünfzehn Jahre später. Nun, da er die ganze Sicherheit der Persönlichkeit besaß, sich hingeben zu können, *ohne* sich zu verlieren, bedeutete ihm das »höchste Glück der Menschenkinder« (das Suleika im »Westöstlichen Diwan« preist) nicht *mehr* als ihre Liebe: Im Gegenteil:

»Alles Erdenglück vereinigt
find ich in Suleika nur«

antwortet er ihr. Ja, erst:

»Wenn sie sich an mich verschwendet,
bin ich mir ein wertes Ich.
Hätte sie sich weggewendet,
Augenblicks verlör ich mich.«

Um ihr, Suleika, zu gefallen,

»verkörpert er sich (sogar) behende
in den Holden, den sie kost.«

Er verwandelt also seine »Persönlichkeit« und wird – aus Liebe – freiwillig dem Bilde ähnlich, das die Geliebte von dem sie ergänzenden Manne in sich trägt.
Warum ich das hier in meinem Caroline-Bild erwähne? Einmal, weil es wiederum bestätigt, was ich anfangs sagte, daß Carolines umstrittenes Wesen, ihr »blindes

Vertrauen in das Gleichgewicht ihres Herzens« – wie bei Goethe – in dem »unsichtbaren Kern« ihres Wesens gründete. Und zum andern, daß sie aus der schöpferischen Sicherheit dieses Kerns nicht nur Kunstwerke blitzartig erkannte, sondern auch Begabte zu ihrer höchsten Verwirklichung drängte. Eine »weibliche Genialität«, die Schiller als »luziferisch« empfand, Ortega y Gasset aber in seinen »Meditationen über die Liebe« als den höchsten weiblichen Beitrag zur Kultur eines Volkes betrachtete. Ich zitiere:

»So wie es geniale Männer gibt, die ganz neue Gedanken ins Leben rufen, Kunststile ersinnen, Rechtsnormen entdecken, so gibt es auch geniale Frauen, bei denen (dank des erlesenen Stoffs, aus dem ihr Wesen gemacht ist) eine zielbewußte Verfeinerung des Empfindens zur Herausbildung eines neuen Männerideals führt. Als ein Hochziel, ein Beispiel übt dieses Idealprofil dann auf eine ganze Gesellschaft seinen Einfluß aus und hebt – kraft des Zaubers, der von der Frau ausgeht – den Mann und damit seine Zeit auf eine höhere geistig-sittliche Ebene.« So Ortega (1941). Ein solches Zauberwesen (»politisch-erotische Zauberin« = Friedrich Schlegels Bezeichnung) war also Caroline, die nicht nur den jungen Männern ihres Kreises, ja ihrer Generation zu einem »neuen Bild ihrer Selbst« verhalf, sondern auch dem heutigen Mann noch helfen könnte, sein inneres Wissen-Ahnen-von der echten Frau zu klären und zu läutern.

Allzuoft steht der Heutige ja der Verwandlung des modernen Mädchens fassungslos gegenüber und traut seinem eigenen Empfinden nicht mehr und desto weniger, falls er eine »wohltemperierte Feinfühligkeit« besitzt, die ihm »angesichts einer Frau manchmal den Eindruck vermittelt, etwas Fremdem und unbedingt Überlegenem gegenüberzustehen«, wie Ortega es formuliert – und weiter: »Solche Männer ahnen, daß im Bereich des Spezifisch-Weiblichen – ebenso wie in der Wissenschaft und der Kunst – Platz für ein größeres oder geringeres Maß an Genialität ist«. Was beweist, daß »echtes Frauentum eine wesentliche Dimension der Kultur ist, ja, daß es eine ausgesprochene weibliche Kultur gibt, vermöge der die Frau ihren unverwechselbaren Beitrag zur Geschichte leistet« – freilich anders und bei weitem mächtiger als es die moderne Frauenbewegung, die Ortega für »oberflächlich« hält, sich wünscht.

Wußte, ahnte Caroline diese Art der weiblichen Kultur, als sie es immer wieder ablehnte, ihren Namen unter Besprechungen, die sie verfaßt hatte, zu setzen? Oder Teile ihrer Briefe zu veröffentlichen, wozu Friedrich Schlegel sie stets drängte? Ihre Sensibilität jedenfalls empfand, daß in den Bezirken des Öffentlichen die seelische Substanz schwindet, in der sich doch gerade jene Werte bewahren und erneuern, die im damals heraufkommenden »technisch-mechanischen Zeitalter« verdorren mußten. Nämlich: Gemüt, Vertrauen, Bescheidenheit, Dankbarkeit, Mut, Freiheit, Liebe. Werte, die in Märchen und Mythen, im Symbol und in jedem wahren Kunstwerk bewahrt sind, und deren Verleugnung Gefahren heraufbeschwört, die von den Frühen Romantikern – klarer als die Späteren es konnten – gesehen wurden. Gefahren, die uns heute zu verschlin-

gen drohen wie die Wasserfluten den Zauberlehrling, der die lösende »Zauberformel« des Meisters vergaß.
Diesem Wissen der Romantiker entwuchs ihre Sehnsucht nach Frauen, die fähig waren, dem in der Kälte des Intellekts erstarrenden Mann und seinem rastlosen *Tun* das *Sein* entgegenzusetzen: das *Wesen* also, das Wesentliche, mit dem er sein Inneres immer von neuem erwärmt und auffüllt, um erst aus solcher Fülle das *Rechte* tun zu können.
Sehnsucht nach dem »ewig Weiblichen« also, wie Goethe es nennt; womit er natürlich nicht das Herabsetzende meinte, das dem selten verstandenen Ausdruck später angeheftet wurde. Denn dies »ewig Weibliche«, das den oben genannten mythischen Mächten verbunden ist, hatte für ihn die Macht, uns alle »hinanzuziehen« – gleich wie Ortega es meinte, gleich wie es Schellings »Band der unendlichen Liebe: copula« es vermag, nämlich die entgegengesetzten Pole zu verbinden.
Das Geheimnis der Wirkung Carolines auf den Romantikerkreis, auf Schelling, scheint jedenfalls dadurch erklärt. Erst durch sie wurde er ganz der, den sie (und er) ersehnte. Erschütternder Beweis: Der damals Vierunddreißigjährige hat nach ihrem frühen Tod kein Werk mehr veröffentlicht – obwohl er noch fast ein halbes Jahrhundert lebte, »weil ihm ihr klares Urteil fehle«, wie er selber einem Freunde gestand. Weshalb *er* vielleicht das Tiefste über das Geheimnis der wahren Liebe und damit zur rechten »Gleichberechtigung« der Frau sagen konnte:
»Dies ist das wahre Geheimnis der Liebe, daß sie nur

solche verbindet, von denen jedes für sich sein könnte, und doch nicht sein kann ohne das andere«.

Bevor nun ein (gekürztes) Kapitel aus meinem Buch: »Caroline, Lebensbild der Romantik« ins Bild setzt, was ich eben zu sagen versuchte, sei bemerkt, daß die meisten Reden der hier handelnden Personen aus Werken, Briefen, zeitgenössischen Berichten stammen. Um Stil und Handlungsablauf zu wahren, wurden veraltete Ausdrücke ersetzt, verschachtelte Sätze aufgelöst und Nichtinteressierendes fortgelassen – ohne doch den Sinn zu entstellen.
Das folgende 51. Kapitel spielt am Tag der Eröffnung der Akademie der Wissenschaften in München, wohin Schelling und Caroline 1806, im dritten Jahr ihrer Ehe (und drei Jahre vor ihrem Tode) flüchteten, als Würzburg – zuvor bayerisch, also napoleonisch – im Preßburger Frieden an Österreich gefallen war. Schelling sollte die Festrede halten.
Für den kirchlich-bischöflichen Katholizismus, der nun wieder die Würzburger Universität beherrschte, galt der Naturphilosoph Schelling als der »Vollender der ehemaligen gemeinen Rosenkreuzerei und Kabbalistik«, dem man den Prozeß machen würde. Der Auftrag, zur Eröffnung der Akademie zu sprechen, mußte also nach langer Depression sein Ansehen wieder herstellen.

»Am 12. Oktober 1807, dem Namenstag des bayerischen Königs, ist es endlich soweit: Der König, der Hof, alles, was in Kunst und Wissenschaft Namen besitzt, strömt in den festlich geschmückten Akademiesaal, auf dessen Galerie man einen Sessel für die Frau des Festredners gestellt hat; denn Damen waren nicht geladen.

Caroline sieht von dort oben das Wogen aus bunten Uniformen, grauen und schwarzen Fräcken, aus dem sich nun Schellings kleine, stämmige Gestalt schiebt und gemessenen Schrittes zum Podium geht. Er verneigt sich vor dem König, dem Präsidenten der Akademie, Friedrich Heinrich Jacobi, ordnet und legt das von ihr ins Reine geschriebene Manuskript auf das Pult und – ihr Herz macht einen kleinen, schmerzhaften Sprung – spricht. Ein wenig belegt zunächst, doch schon schwillt der Ton an, und als sie ihn jetzt, von Satz zu Satz selbstbewußter, die Worte hinwerfen hört, abgehackt und so, als löse er sich nur widerwillig von ihnen, überrinnt sie unbändige Freude. Entspannt läßt sie sich in ihren Sessel zurückfallen. Hält er sich eigentlich noch an sein Manuskript? Wie er seinem Text mit Stimme, Gesten, ja der ganzen kraftvollen Gestalt gleichsam einen zweiten Körper gibt! Wahrhaftig, er ist der Magier, der – wie Orpheus mit seinem Lied die Tiere – die Hörer durch seine Rede verzaubert! Sie beugt sich ein wenig vor. Ist in Jacobis schmales Gelehrtengesicht nicht ein Ausdruck der Überraschung, ja der Bestürzung getreten? Schelling, denkt sie, wenn du auch diesen einstigen »Statthalter des deutschen Geisteslebens« überzeugt hättest! Doch nun sieht sie Schellings Augen suchend emporschweifen, sie erkennen, lächeln, so daß es scheint, er spreche nur noch für sie:

»Am Anfang zeigen beide – Natur und Kunst – die

größte Strenge, doch je mehr es dem schaffenden Geiste gelingt, seine Fülle in einem Geschöpf zu vereinen, desto mehr schmelzen die festen Umrisse. Etwas Liebliches, Unfaßliches, Seelenhaftes breitet sich über die Gestalt der Natur wie die der Kunst. Es ist das, was die Griechen ›charis‹ nannten, und was wir mit Anmut bezeichnen. Wo aber Anmut waltet, ist das Werk der Natur vollendet; Seele und Leib befinden sich in vollkommenem Einklang. Die Göttin der Liebe ist die reinste Verkörperung der auf dieser Stufe angehaltenen Schönheit.«

Eine Bewegung geht durch die Menge. Doch die Stimme des Redners verstärkt sich nur: »Die Seele im Menschen ist ›die Prinzessin‹, um die ›der Held‹ aller Märchen der Welt ringen muß. Sie ist das, was ihm hilft, sich von der Selbstheit zum Selbstsein zu erheben. Durch sie allein ist er fähig, uneigennützig zu lieben, sich aufzuopfern und so sein wahres Wesen und das der Dinge zu erahnen – so wie es der Künstler tut, wenn er die göttliche Idee, die hinter dem Schleier der Erscheinungen liegt, sichtbar werden läßt durch die Art seines Darstellens. Und weil dies die Aufgabe der Kunst ist, ewiges Gesetz und Sein sichtbar, hör-, tast-, fühlbar zu machen, muß sie für den Philosophen das Höchste sein. Denn in der Kunst brennt wie im Symbol in *einer* Flamme, was in der Natur und in der Geschichte gesondert ist und was im Leben und Handeln – ebenso wie im Denken – sich ewig fliehen muß.«

Unruhe macht sich im Saale bemerkbar, Füße scharren. »Unerhört!« »Einmalig!« hört sie, indessen der Redner nun von der Wende spricht, an der Europa

stehe, »dessen Völker so lange im sinnlosen Gegeneinander ihre Kräfte vergeuden werden, bis sie erkennen, daß keine Revolution, kein Krieg, auch kein Königtum und keine Demokratie ihnen das Heil bringe, sondern *allein* ein neues *Wissen*, ein neuer *Glaube*, der die Kunst und mit ihr das Leben des einzelnen, der Völker und der Staaten aus der Ermattung zu Taten schöpferischer Phantasie hebt!«
Sie weiß, er kommt zum Ende und steht schnell auf, ihren Wagen zu erreichen, bevor die Menge herausströmt.

Am Abend beim Empfang im Schloß aber betritt sie an seiner Seite den Festsaal. Man drängt sich sogleich um den Redner, sie aber hört doch durch das Stimmengewirr die soeben verkündeten Namen: Frau Baronin von Staël-Holstein und Herr Hofrat Professor Dr. August Wilhelm Schlegel. (Carolines einstiger Gatte, von dem sie ohne Streit geschieden wurde, als sie sich für den zwölf Jahre jüngeren Schelling entschied. Danach wurde Schlegel Begleiter und Berater der Madame de Staël bei ihrem Deutschlandbuch.)
»Wilhelm«, murmelt sie und sieht seine kleine Gestalt im silbergrauen Frack, gelben Beinkleidern und gewaltig hoher Halsbinde à la Cumberland fein, elegant hinter der bäuerlich-kräftigen Gestalt im ebenfalls silbergrauen Atlaskleid, schwarzen Spitzenschal und rotsamtenen Turban. Daß die Französin nur wenig Geschmack besitzt, wird meinen formgewaltigen Wilhelm schmerzen, denkt sie und ist doch froh, daß er an der Seite dieser bedeutenden Frau seine wunderbare Gabe,

Diener – Redakteur – eines großen Werks zu sein wie einst in Jena, nun auf solch gleichsam internationaler Ebene erfüllen kann. Noch immer fühlt sie sich ja für ihn verantwortlich – obgleich sie doch drei lange Jahre nach Augustes, ihrer Tochter, Tod mit sich gerungen hat, ob sie von ihm gehen dürfe. Und erst, als er durchaus in Berlin bleiben wollte, wo ihr alles mißfiel – einschließlich seiner Geliebten, der seltsamen Schwester der Brüder Tieck ...
Doch jetzt tritt Madame de Staël dem Kreise um sie näher. Caroline macht schnell ein paar Schritte zurück, da hört sie schon die kräftige Stimme der Französin, nachdem Schlegel ihr Schelling vorgestellt hat:
»O, mon professeur – wie freue ich mich, Sie kennenzulernen: Sie sollen wunderbar gesprochen haben. Sie müssen mir Ihr Manuskript leihen und ja, mir überhaupt die moderne Philosophie erklären. Schlegel braucht zwölf Stunden dazu und solange kann ich nicht zuhören, haha«, sie nimmt lachend Schellings Arm, indes Carolines Blick in die braunen Augen Schlegels findet.
Er tritt zu ihr. Sie streckt ihm die Hand entgegen. Sie lächeln sich an, und sein Herz zieht sich zusammen: Wie jung sie aussieht! Fast so jung wie einst, als er um sie warb: in Göttingen, nein, in Frankfurt, als er mit »Madame Krantz und Tochter« nach Leipzig fuhr; in Jena – wirklich, sein ganzes Leben warb er um sie! Wie ist es nur möglich, daß sie jetzt einem anderen gehört? Da sie noch immer so aussieht wie damals, ganz unverändert, ganz unversehrt?
»Es geht dir gut, Caroline. Ich brauche nicht zu fragen.

Man sieht es dir an.« Noch einmal ihren Namen auszusprechen, das vertraute Du, sich vorzustellen, daß er nur ihren Arm zu nehmen brauche, um mit ihr heimzugehen. Spürt sie, auch heute noch, was in ihm vorgeht? Vertraut wie einst lächelt sie:

»Ja, Wilhelm, und dir? Alle Welt spricht davon, was für ein interessantes Leben du als Begleiter der Baronin führst, auf deren großes Deutschland-Buch wir alle warten. Wie gut, daß du nicht mehr in Berlin bist, wo nach Napoleons unbegreiflich-schnellem Sieg über Preußen – dem einstigen Preußen Friedrich des Großen! – sich nun auch der unsaubere Geist, wie überall im besiegten Deutschland, ausbreiten soll. Aber sag mir, woran du selber arbeitest?«

»An Vorlesungen über die dramatische Kunst Deutschlands und Frankreichs. Bei den Gesprächen zu Madame de Staels Deutschlandbuch wurde uns der Unterschied zwischen den beiden Völkern überklar: Der oft verwirrenden Vielfalt der Deutschen steht die klare ...«

»Oui, oui, Madame, verwirrende Vielfalt.« Frau von Staël ist mit Schelling zu ihnen getreten. »Und soeben hab' ich wieder eine neue – wie sagt man? – Abart des deutschen Seins erlebt.« Sie weist auf Schelling: »Ihn, den ich genau kennenlernen muß. Und natürlich die berühmte Caroline!«

Madame Schelling verbeugt sich, ihre Mundwinkel zucken: »Sie werden enttäuscht sein, Baronin; ich bin, fürchte ich, nur wenig interessant für Sie. Und berühmt?«

Doch die Französin wedelt mit den großen Händen. Es

gebe keinen Salon in Deutschland in dem nicht... Sie zögert: »...von der ›Dame Luzifer‹ gesprochen wird«, hilft Caroline ihr lächelnd.
»Oui, oui, und keinen, in dem man andere Akzente Ihres ›dämonischen‹ Wesens erfährt!«
»Ah – und ich hatte immer den sehnlichsten Wunsch, nur meine eigene, kleine Privatperson zu sein.«
»Das ist Ihr Ernst? Nein, nicht wahr? Sie sprechen übrigens ein vorzügliches Französisch. Und das Englische beherrschen Sie noch besser, hat mir Schlegel verraten. Sie halfen ihm bei seinen Shakespeare-Übersetzungen. Schreiben Sie auch selbst?«
»Nichts als die schwer leserlichen Manuskripte meines Mannes ins reine.«
»Wie? So sehr vermögen Sie sich aufzugeben? Eine Frau mit Ihrem Geist, Ihrem Stil? Schlegel hat mir – verzeihen Sie – Briefe von Ihnen gezeigt. Ich verstehe noch immer die deutsche Sprache schlecht, aber Ihre Briefe, das spüre ich, haben Esprit.«
»Danke, Madame, aber ich habe wirklich keinen anderen Ehrgeiz, als meinem Mann die rechte Gefährtin zu sein.«
Einen Augenblick schweigt der große, sinnliche Mund. Die etwas hervorquellenden Augen suchen Schelling, der mit Schlegel bereits lebhaft diskutiert. Und nun nickt sie so heftig mit dem Kopf, daß der rote Turban wippt. »J'ai compris, Madame – c'est le grand amour.« Ein melancholischer Ausdruck tritt in ihr unruhiges Gesicht: »Sie sind ihr begegnet, Sie – Glückliche! Ich... jamais.«
Einige Stunden später, als die Tafel aufgehoben ist, und

Schelling von immer neuen Bewunderern umringt wird, bittet sie ihren Tischherrn, Geheimrat Zentner, sie in ein kleines Kabinett zu führen, wo sie ein wenig ruhen könne nach dem langen Tag. Er geleitet sie und zieht vor der Tür ihre Hand an seine Lippen:

»Wir sind sehr glücklich, Frau Hofrätin, Sie hier in München zu haben. Nie wieder – ich schwöre – werden Sie und Ihr Gatte in Bayern unbeschützt sein.«

Sie lächelt noch über den Schwur, als sie auf dem Sofa liegt und die Bilder des Tages an ihren geschlossenen Augen vorübergleiten. Jetzt, denkt sie, ist der Bann gebrochen, der seit Würzburg auf Schelling lag. Jetzt wird er sein Werk mit neuem Elan fortführen, das so notwendig ist in dieser Zeit, in der die geistige Bewegung fast so stark und gärend ist wie damals die politische der großen Revolution... Und wo nun alles, alles darauf ankommt, daß sie die rechte Richtung nimmt zur Tiefe der Werte, die Schelling und Schlegel einst...

Freudig wie am Morgen schlägt ihr Herz: Daß auch er, Schlegel, wie sie soeben wieder erfuhr, ihr erhalten blieb – als Freund, wie er es sooft und sogar zuletzt noch gewesen war, als man Schelling beschuldigte, Augustes Tod durch seine »neumodische philosophische Behandlung« verursacht zu haben! Wie er, der von ihr Verlassene, da ohne zu zögern, mit einem öffentlichen Brief: »Rüge einer Ehrenschändung« für Schelling, den fast tödlich Getroffenen, eingetreten war – diese noble Geste würde nicht nur ihr unvergessen bleiben: Sie würde zur Geschichte der Jenaer Romantikerkreise für immer gehören.

Sie atmet tief: Ja, diese beiden sind der Idee von Jena

treu geblieben: Zusammen mit dem toten Novalis würden sie einmal als die Wegbereiter gelten, die Europa vor dem Fall in die ermattete Kälte des einseitigen Intellekts und damit vor der Herrschaft der Mechanik über die Menschen bewahrten. Sie lächelt, ein wenig spöttisch, wie sie es immer tut, wenn sie sich selber lobt: So darf ich also, Caroline Schelling-Schlegel, geborene Michaelis, sagen, daß ich nicht umsonst gelebt, geliebt, geopfert und gelitten ...

Sie horcht auf. Vor der Kabinettstür – war das Schloß denn nicht zugedrückt? – kamen Stimmen zu ihr. Jemand hatte Schellings Namen genannt. Und jetzt – noch einmal: »Ja, leider, dieser Schelling täuscht mit dem Schwung phantasievoller Wortbilder über die Verschwommenheit seines Systems hinweg«, so hört sie, richtet sich hoch und erblickt durch den Türspalt Jacobis schmalen Kopf. Er nickt mehrmals seinem ihr unbekannten Gesprächspartner zu, der nun auflachend bestätigt: »Wahrlich, ein verführerischer Rattenfänger, der den Teufel aus der Welt manipuliert, um sie uns schmackhaft zu machen. Doch der Rausch, in den er die Jugend versetzt, verfliegt gewiß, wenn das neue Werk seines Freundes Hegel bekannt wird. Darin stellt nämlich sein ehemals bester Verteidiger nun des ›Propheten‹ Schellings ›geniale Inspiration‹ als eine ›Philosophie der unkontrollierbaren Anschauung‹ bloß! Was der auf solche Weise lächerlich Gemachte kaum überstehen wird, haha!« Die Stimme entfernt sich.

Caroline sinkt in ihren Fauteuil zurück. Hegel? denkt sie, verstört von dem Gehörten, das sie aus ihrem hohen, »höchsten Augenblick« stürzte, wie, ja wie Goethe sei-

nen Faust stürzen läßt ... Und das Gespräch mit Goethe steigt in ihrem Innern auf, an jenem Tag, als sie zu ihm gekommen war, ihn zu bitten, ihr bei ihrer Scheidung von Schlegel zu helfen. »Schellings Glaube«, so hatte er ihr geantwortet, »allein mit Ihnen sein Werk vollenden zu können, ist Grund genug, mich beim Herzog für Ihre Sache einzusetzen. Denn wenn es Schelling gelingt, das erträumte Gebäude seiner allumfassenden Philosophie zu errichten, dann müßten Sie, liebe Madame Schlegel, ja wirklich jenen ›höchsten Augenblick‹ erleben, den mein Faust gern mit der ewigen Verdammnis bezahlt. Zumal sie neben dem Werk, an dem Sie teilhaben«, so fügte er lächelnd hinzu, »noch das besitzen, was meinem Faust ewig nur halb gelingt: die erfüllte Liebe.« Und er hatte ihre Hand genommen: »Aber erzählen Sie niemanden, daß Sie in Faustens Werkstatt geguckt haben, Sie vielmännrige Zauberin!«
Caroline, wunderlich gestärkt von dieser Erinnerung, erhebt sich, um den Mund ihr kleines, ein wenig spöttisches Lächeln: Wenn es wahr ist, was diese »Lemuren« dort draußen sagten, dann haben sie damit die »Dame Luzifer« aus dem Paradies zurück ... ins Leben gestürzt. Denn dann braucht Schelling mich noch eine Weile ...
Und sie richtet vor dem Spiegel das zerdrückte Haar, legt Rouge auf die Wangen und geht zurück in den Saal, den Geliebten zu suchen, dem sie bei diesem neuen, schlimmsten Angriff – nun durch seinen liebsten Freund – zur Seite stehen muß.

Aus Briefen der Caroline Schlegel-Schelling

An Luise Gotter, nach dem Tode des Dr. med. Böhmer, Carolines erstem Gatten:

Göttingen, Februar 1788

Ich darf nicht zu genau sein im Berechnen schwerer Stunden, meine Luise! Sanft zu leiden ist die größte Anstrengung, deren ich jetzt fähig bin, ja, die notwendigste; denn die Ausbrüche meines Kummers, die ungestümen Tränen des Jammers schaden mir unmittelbar.

Man gewinnt doch viel, wenn man sie unterdrückt; man gerät in eine traumähnliche Betäubung. Nicht, als sucht' ich mich fühllos zu machen, oder als wären die Bilder der Vergangenheit weniger lebhaft. Ein lebendes Monument des Abgeschiedenen ist Deine Caroline, er lebt in meinem Herzen aufs allergegenwärtigste. Noch spiegelt sich der letzte dankend lächelnde Blick seiner Augen in den meinigen. So ist mir, und, weil diese stets um mich schwebenden Erscheinungen mich von der Wirklichkeit abziehen, erleichtern sie meinen Zustand...

An F. L. W. Meyer in London (Göttinger Jugendfreund)

Göttingen, den 1. März 1789

... ich sorge nicht und mache keine Pläne. Nur Einem glaube ich mit festem Schritt nachgehen zu müssen: dem Wohl meiner beiden kleinen Mädchen. Alles übrige liegt vor mir da wie die wogende See. Schwindelt mich vor dem Anblick, so schließe ich die Augen; allein ich vertraue mich ihr ohne Furcht an. Ich weiß nicht, ob ich je ganz glücklich sein kann, aber das weiß ich, daß ich nie ganz unglücklich sein werde ...

An Luise Gotter (aus Mainz, wohin Caroline, eingeladen von Therese und Georg Forster, ihren Wohnsitz verlegte, nachdem ihre jüngste Tochter verstorben war)

Mainz, den 28. April 1789

Ich bin nun seit acht Wochen hier und habe recht getan! Meine Teilnahme an Forsters Haus, das Kind, Fleiß (Caroline bekam von Forster Manuskripte, die sie aus englischen und französischen Originalen übersetzte), das ist viel. Doch ich war so gewohnt, für mehrere zu sorgen, in mehreren zu genießen ... Dafür hab ich mehr Zeit und Freude an Auguste [ihre Tochter] und dem schönen rheinischen Frühling, den wir bei Spaziergängen und -fahrten genossen haben. Er ist schon wieder für eine Weile verschwunden, aber er wird ja wiederkommen und noch schöner sein.

Wir können freilich noch sehr lebhafte Szenen erleben, wenn der Krieg ausbrechen sollte. Doch ging ich ums Leben nicht von hier. Denkt nur, wenn ich meinen Enkeln erzähle, wie ich eine Belagerung erlebt habe, wie man einem geistlichen Herrn [spöttische Anspielung auf den Mainzer Kurfürsten] die lange Nase abgeschnitten und die Demokraten sie auf öffentlichem Markt gebraten haben!! Wir stehen doch an einem höchst interessanten politischen Zeitpunkt! Das gibt mir gewaltig viel zu denken, wenn ich allein in meinem hübschen Zimmerchen auf der »Welschen Nonnengasse« sitze und Halstücher ausnähe...

An F. L. W. Meyer

Mainz, den 6. Oktober 1792

Lieber Meyer, ich schreibe aus dem Bett: ich bin krank und die Feinde sind vor den Toren! Vor acht Tagen war Tatter hier [der Erzieher der englischen Prinzen, die in Göttingen studierten, und den sie geliebt hat]. Ich war glücklich. Er riet mir natürlich, Mainz schleunigst zu verlassen, aber ich blieb fest... Nun warten wir seit sechs Tagen täglich auf den Einfall der Franzosen. Alle Adligen sind bereits geflüchtet, auch der »Alte« [der wegen seiner Verschwendungssucht unbeliebte Kurfürst]. Er fuhr in einem Wagen, an dem das Wappen ausgekratzt war. Die Preußen sind in Worms! Und hier gibt's bereits Cocardes tricolores! Unser Schicksal hängt von Esterhazy ab, der Custine vielleicht noch aufhält. Adieu, mein lieber... gerechtfertigter Sünder!

An F. L. Meyer

Mainz, 27. Oktober 1792

Welch ein Wechsel seit acht Tagen! General Custine (Jakobinergeneral) wohnt im Schloß des Kurfürsten von Mainz. In dessen Prachtsaal versammelt sich der Deut-

sche Jakobinerklub. Die National-Kokarden wimmeln auf den Gassen. Die fremden Töne, die noch eben der Freiheit fluchten, stimmen »vivre libre ou mourir« an. Hätte ich nur Geduld zu schreiben und Sie zu lesen, so könnt ich Ihnen viel erzählen!...
Die sich bei solchen Gelegenheiten vordrängen, sind nie die Besten. Ich kann Ihnen Forsters Betragen nicht genug rühmen. Noch ist er bei keinem der neuen Institute – er macht seinen bisherigen Gesinnungen Ehre und wird vielleicht mit der Zeit gerade dadurch den Ausschlag zu ihrem Vorteil geben...

An F. L. Meyer

Mainz, 17. Dezember 1792

...Therese ist nicht mehr hier! Sie ist mit ihren zwei Kindern nach Straßburg gegangen! Warum? Das fragen Sie mich nicht. Menschlichem Ansehen nach ist es der falscheste Schritt, den ich ohne Rückhalt mißbillige: Sie, die sich für die Sache der Revolution mit Feuereifer einsetzte, geht in einem Augenblick, wo jede Sicherheitsmaßregel der Führenden die jämmerliche Unentschiedenheit der Menge noch vermehrt; wo sie Forster mit Geschäften überhäuft zurück- und zwei Haushaltungen bestreiten läßt in einer Zeit, wo alle Besoldungen zurückgehalten werden... Viele vermuten Trennungspläne zwischen den beiden...
Forster ist der wunderbarste Mann. Ich habe nie jemanden so geliebt, so bewundert und dann wieder so gering geschätzt. Er geht mit einem Adel, einer Intelligenz, einer Bescheidenheit, einer Uneigennützigkeit – ach, wär es nur das! Aber im Hintergrund lauert Schwä-

che … Ich bleibe hier, man gewöhnt sich an alles, auch an die tägliche Aussicht einer Belagerung …

An Familie Gotter (aus der Festung Königstein, wohin Caroline als Geisel für Forster gebracht wurde, nachdem sie auf dem Weg nach Gotha zu den Freunden Gotter verhaftet worden war.)

Königstein, den 12. Mai 1793

Noch hat sich nichts aufgeklärt. Wir wurden von einer hiesigen Gerichtsperson verhört über die Umstände unserer Abreise aus Mainz … Ich höre hier im Schloßgarten den Donner der Geschütze. Schrecklich ist bei der völligen Dunkelheit über unsere Sache die langwierige Belagerung, deren Ende uns sicher befreien würde. Unser Los, das anfänglich durch den Genuß der frischen Luft in diesem verwüsteten Garten noch erträglich war, wird durch einen neuen Kommandanten noch verschlimmert, mit dem wir auch diesen Trost einbüßen. Mein Gott, war ich nicht schon unglücklich genug? Und muß ich nicht sogar fürchten, daß durch die gehässigen Gerüchte meine hilfreichen Freunde sich von mir abwenden? Daß auch sie an meinem Charakter irre werden?!

Wenn auch Ihr, meine Lieben, die ihr mich liebtet, zweifelt, so mag denn das die Hälfte des Tropfens sein, von dem der Becher überfließt.

An Gotter (aus einem Gasthofzimmer in Kronberg, wohin Caroline, schwer erkrankt, mit ihrer Tochter gebracht wurde.)

Kronberg, den 15. Juni 1793

... Seit drei Wochen hab ich das Bett wenig verlassen können; denn der Geist ist willig, aber das Fleisch ist schwach. Ihr habt mich derweilen erzkomisch gedünkt: Luise bildet sich ein, wenn Euer Herzogtum alle seine Kanonen abfeuert, so käme es doch wohl einer Mainzer Salve gleich. Und Sie lieber Gotter, fertigen mich Gefangene, Bedrängte, Gemißhandelte mit einer Galanterie ab! Gehen Sie hin und sehen Sie den schrecklichen Aufenthalt, den ich gestern verlassen habe: Atmen Sie die schneidende Luft, die da herrscht, lassen Sie sich von dem durch die schändlichsten Dünste verpesteten Zugwind durchwehen, sehn Sie die traurigen Gestalten, die stundenweise ins Freie getrieben werden, um das Ungeziefer abzuschütteln, vor dem Sie dann Mühe haben, sich selbst zu hüten! Mein Freund, Sie scheinen den Aufenthalt in Königstein für einen kühlen Sommertraum zu halten! Und ich habe da Tage erlebt, wo Schrecken, Angst und Beschwerden eines einzigen hinreichen würden, ein lebhaftes Gemüt zur Raserei zu bringen... Meine Gesundheit ist sehr geschwächt, aber die innere Heiterkeit meiner Seele so wenig, daß ich heute den Mut habe, mich in einem Zimmer, wo es Stühle gibt – in Königstein gab es nur hohe hölzerne Bänke – und an einem Ort, wo ich keine Gefangenenwärter und Wache mehr zu sehen brauche, glücklich zu fühlen, so heftig mein Kopf schmerzt und ein unaufhörlicher Husten, der ganz anhaltend geworden ist, mich plagt... Der Gesichtspunkt, uns als Geiseln zu behandeln, ist fest gefaßt, und von persönlicher Schuld nicht die Rede... Dennoch, ich lache die Großen aus und verachte sie, wenn ich vor ihnen suppliziere! Aber ich bin wahrhaftig nur eine gute Frau und keine Heldin. Ein Stück meines Lebens gäb' ich jetzt darum, wenn ich nicht auf immer, wenigstens in Deutschland, aus der weiblichen Sphäre der Unbekanntheit gerissen wäre...

An Gotters

Frankfurt, den 13. Juli 1793

Meine teuren, lieben Freunde!

Ich bin frei! Durch die unablässigen und edlen Bemühungen meines jüngsten Bruders (der, Medicus bei den Preußen, bei dem preußischen König für sie interveniert hat). Vielleicht wißt Ihr es schon? Doch heiße Dankbarkeit für Eure Teilnahme heißt mich den ersten Augenblick eines wiedergegebenen Lebens *Euch* widmen...

An Friedrich Schlegel in Leipzig (aus Lucka, wo Caroline durch Wilhelm Schlegels Hilfe ein Quartier fand, darin sie unter falschem Namen ein uneheliches Kind zur Welt bringen konnte)

Sie fühlen, welch ein Freund mir Ihr Bruder war! Alles, was ich ihm jemals geben konnte, hat er mir jetzt freiwillig, uneigennützig, anspruchslos vergolten durch mehr als hilfreichen Beistand. Es hat mich mit mir ausgesöhnt, daß ich ihn mein nennen konnte, ohne daß eine blinde unwiderstehliche Empfindung ihn an mich gefesselt hielt. Sollte es zu viel sein, einen Mann nach seinem Betragen gegen ein Weib beurteilen zu wollen, so scheint mir doch Wilhelm in dem, was er mir war, alles umfaßt zu haben, was man männlich und zugleich kindlich, vorurteilslos, edel und liebenswert heißen kann.

An den Bruder von Wilhelm: Carl Schlegel und Frau in Hannover aus Jena, wohin Wilhelm Schlegel mit Caroline und Tochter nach ihrer Heirat gezogen waren

Jena, Juli 1796

Die Bewohner der Hügel und Felsen an dem Ufer der reißenden Saale grüßen die Einwohner der Residenzstadt an den flachen Ufern der stillen Leine und versichern, daß ihnen recht wohl zumut ist. ... Goethe hat den letzten Teil des »Wilhelm Meister«, hinter sich aufs Pferd gebunden (er reitet trotz seiner Korpulenz wacker drauf los) und nach Jena gebracht. Schiller sagte gestern, daß er uns in den nächsten Tagen zu einer Vorlesung einladen würde. Ich wünschte, daß Sie das, ohne sich von der Stelle zu bewegen, mit anhören könnten.

Es hat mir große Freude gemacht, Goethe und zwar so holdselig wiederzusehen. Er sprach davon, wie lustig und unbefangen wir damals in Mainz noch alle gewesen wären, und wie sich das nachher so plötzlich geändert habe.

Fichten habe ich auf dem Klub kennengelernt; ein kurzer, untersetzter Mann mit feurigen Augen, sehr nachlässig gekleidet. Er hat seinen Sohn Immanuel taufen lassen...

Jena scheint mir ein grundgelehrtes, aber doch recht lustiges Wirtshaus zu sein. Unter uns, die Studenten sehen noch etwas barbarischer aus als in Göttingen; es kommt mir immer vor, als hätten sie alle einen verbrannten Teint…

An Hardenberg (Novalis)

Jena, 20. Februar 1799

…Was Sie von Ihrer Kränklichkeit schreiben, darüber will ich mich nicht ängstigen, weil Sie bei Ihrer Reizbarkeit immer Zeiten haben *müssen*, wo Sie nichts taugen… Ihre übrige innerliche Geschäftigkeit aber macht mir den Kopf über alle Maßen warm. Sie glauben nicht, wie wenig ich von Eurem Wesen begreife… Lesen tue ich alles gern, was Sie von Zeit zu Zeit melden, und ich zweifle nicht daran, daß der Augenblick kommt, wo sich das einzelne auch für mich wird zusammenreimen, und mich Ihre Äußerungen nicht bloß darum, weil es die Ihrigen sind, erfreuen. Was Ihr alle zusammen da schafft, ist mir ein rechter Zauberkessel…

…Was Schelling betrifft, so hat es nie eine sprödere Hülle gegeben. Aber ungeachtet ich nicht sechs Minuten mit ihm zusammen bin ohne Zank, ist er doch weit und breit das Interessanteste, was ich kenne. Und ich wollte, wir sähen ihn öfter und vertraulicher. Dann würde sich auch der Zank geben. Er ist beständig auf der Wache gegen mich und die Ironie in der Schlegelschen Familie. Weil es ihm an Fröhlichkeit fehlt, gewinnt er ihr auch so leicht die fröhliche Seite nicht ab…

Wir sind fleißig und glücklich. Seit Anfang des Jahres

komme ich wenig aus Wilhelms Zimmer. Ich übersetze das zweite Stück Shakespeare. Jamben, Prosa, mitunter sogar Reime. Adieu, ich muß dies wegschicken...

An Schelling (aus Braunschweig, wo Caroline nach dem Tode ihrer letzten Tochter – Auguste – bei Mutter und Schwester weilt.)

Oktober 1800

...Es ist wirklich ein seltsamer Kontrast, daß ich Dir so heiter schreibe nach einem solchen Brief! Aber ich habe viel gelebt in diesen wenigen Tagen, und *das ist mein innerstes Wesen, daß ein Lächeln grenzen kann an die unsägliche Not.* Du hast mich wieder geweckt und gewiß, wir quälen uns nun wohl recht mit Hin- und Herschreiben. Und tausend Widersprüche fallen vor. Aber am Ende werden wir doch uns etwas bilden, das alles löst. Verlaß mich nicht, ich liebe Dich. Ich wollte, ich könnte Dir sagen wie sehr. Aber in Deinen Armen selbst würde ich es Dir nicht ausdrücken können.

An Schelling

Braunschweig, Ende Dezember 1800

Du hast die Abrede gehalten und ich nicht. Am Abend des nämlichen Tages, wo ich Dir zuletzt schrieb, bekam ich Dein Geschenk noch. O, Du lügst! Dein Ring ist stark und stärker wie Ketten, es ist der Ring, an dem die Kette hängt, die mein Leben festhält... Du hast nichts vergessen. Denke auch nicht, daß ich etwas vergessen hätte, und wenn ich Dir den Ring, der zu diesem gehört, niemals geben sollte, so wie ich es bis jetzt nicht getan habe... Du hast ihn nicht erhalten, und das ist unser

Schicksal. Ja, dies ist der erste und einzige echte Trauring für mich, und er bleibt einzeln. Er sagt sich von der Zukunft los und bindet uns nur an eine kurze Vergangenheit.
O Du liebes, treues Herz! Er ist gediegen von Deinen Schmerzen. Ich erkenne sie alle und habe sie mit Dir auszutauschen. Aber ich habe noch welche zurück, die immer mein bleiben müssen. Nie kannst Du doch das Weh einer Mutter ganz in Dich aufnehmen. Sei nicht betrübt, denke daran, wie das Deine Freundin zerreissen muß, was sie in diese Worte ausbrechen läßt. Doch dies alles muß mir wieder zur Freude werden, glaubst Du nicht? Es löst sich meine Seele mehr und mehr in jenes Wehe auf und doch bin ich getrost und stark. Dies erhalte Dir gegenwärtig, wenn ich nicht verhindern kann, an Deinem Busen zu weinen. Es quillt ein neues Leben aus solchen Augenblicken; sie sind selbst ein hohes Lebenszeichen, denn mein Gram ist nicht Niedergeschlagenheit, kein Verzagen und keine Verzweiflung. Erst dann kann ich volles Vertrauen zu meinem Freunde haben, wenn ich ihm nichts davon zu verbergen brauche...

An A. W. Schlegel, (der in Berlin philosophische Vorträge hält. Obgleich er von ihrer Liebe zu Schelling weiß, berät sie ihn aufs freundschaftlichste.)

Jena (wo Caroline nun wieder in der einstigen »Romantiker«-Wohnung lebt), den 10. Januar 1801

...Laß Du Dich nur nicht stören: Wenn Du Meister Deines Vortrags wirst, so hast Du alles gewonnen.

Die Übung muß Dich, da Du sonst so wohl zu reden weißt, auch auf diesem Rednerthron befestigen ... Rede nur gut und frei und kümmere Dich um nichts. Ich werde ein unendliches Vergnügen haben, wenn Du darin mit Dir zufrieden sein darfst! Und schrecklich lieb werde ich Dich haben, wenn Dir damit gedient wäre! Es ist mir sehr recht, daß Du Friedrich hast, der Dir mit besserer Einsicht und besserer Gesinnung wie Fichte beistehen kann. In der Stunde, wo Du liest, bin ich immer ganz besonders bei Dir; wenn nur die blauäugige Caroline einmal die blauäugige Athene sein könnte, um unsichtbar neben Dir zu stehen und Dir göttliche Rede in den Mund zu legen!

An Julie Gotter, eine Tochter der Freundin

Jena, den 18. Februar 1803

... Es ist endlich auch nötig, daß ich Euch Rechenschaft von mir gebe. Im Mai oder Juni verlasse ich Jena auf lange Zeit ... Um aber hierzu völlige Freiheit zu haben, und auch niemand in seiner Freiheit hinderlich zu sein, wird vorher oder ist vielmehr schon, das Band der Ehe zwischen Schlegel und mir aufgehoben. Das einer herzlichen Freundschaft und Achtung wird hoffentlich immer bestehen. Ich zweifle nicht, daß Dir das in diesem Augenblick keine Neuigkeit mehr ist. Alles andere hierüber lassen wir abseits liegen und halten uns an das, was ich Euch unmittelbar mitteile, und was an Dich zu richten, meine junge Freundin, ich nicht das geringste Bedenken trage, Dir alles wahrheitsgemäß zu sagen, was in meinem Herzen steht: Indem mir das Schicksal oft seine höchsten Güter nicht versagte, hat es doch zugleich einen so auserlesenen Jammer über mich ergossen, daß, wer mir zusieht, nicht gelockt werden kann, sich durch kühne und willkürliche Handlungsweise auf unbekannten Boden zu wagen, sondern Gott um Einfachheit des Geschicks bitten, ja sich selbst das Gelübde ablegen muß, nichts zu tun, um es zu verscherzen. Nicht als ob ich mich anklagte; was ich jetzt zu tun genötigt bin, ist vor mir vollkommen gerechtfertigt, nur verleiten kann das Beispiel nicht.

Ich habe mit meinem letzten Kind, mit Auguste, mein Kleinod verloren; das Leben meines Lebens ist hin. Man würde mir vielleicht verzeihen, wenn ich auch die letzte Hülle noch von mir würfe, um mich zu befreien; aber hierin bin ich gebunden. Ich muß dieses Dasein fortsetzen, solange es dem Himmel gefällt. Und das einzige, was ich dafür noch Bestimmtes wünschen kann, ist Ruhe, wahrhafte Ruhe und Übereinstimmung in meinen nächsten Umgebungen.

Diese kann ich in der Verbindung mit Schlegel nicht mehr finden. Mannigfaltige Störungen haben sich dazwischen geworfen. Das habe ich ihm vom ersten Moment an nicht verhehlt, meine Aufrichtigkeit ist ohne Rückhalt gewesen... Kinder hätten unstreitig unsere Verbindung, die wir unter uns nie anders als ganz frei betrachteten, unauflöslich gemacht. Das sind die Seiten meines Geschicks, wo das Verhängnis eintritt und von Verschuldung nicht die Rede sein kann... In soweit Du Schlegel kennst, Julchen – ich muß an Dein unbefangenes Gefühl appellieren – glaubst Du, daß er der Mann war, dem sich meine Liebe unbedingt und in ihrem ganzen Umfang hingeben konnte?

Ich kann Dir nicht ausdrücken, wie ruhig ich seit dem Moment bin, an dem wir uns entschieden haben. Ich bin fast glücklich zu nennen, und meine Gesundheit hat beträchtlich gewonnen.
Alle Lästerungen, die unsere Scheidung nach sich ziehen möchte, gesprochene oder gedruckte Pasquille und was dahin gehört, kann mich nicht anrühren ... Sonderbar erscheint mir nur, daß – einmal in die Stürme einer großen Revolution mit meinen Privatangelegenheiten verwickelt – ich es gleichsam zum zweiten Male bin; denn die Bewegung in der literarischen Welt ist so stark und gärend wie damals die politische. Die ehrlosen Gesellen scheinen wieder einmal die Oberhand zu haben ...

An Luise Gotter

München, den 28. November 1806
(nach ihrer Heirat mit Schelling.)

... Unser Geschick hat uns allen kriegerischen Szenen bis jetzt entzogen. Wir haben weder Sieger noch Besiegte zu sehen bekommen. Besiegte sind wir zwar sämtlich. Ich lebe hier in der bayerischen Hauptstadt, als wenn ich auf dem Lande lebte, also nach meiner gewöhnlichen stillen Weise. Wir haben ein Logis, wo die Front der Häuser vor der Stadt auf einen freien Platz hinausgeht. Und ich sehe die Tirolergebirge aus unserem Fenster!
Mein Mann ist sehr heiter, sehr gesund und so placiert, wie er es nur wünschen konnte. Er hat als Mitglied der Akademie der Wissenschaften seine ganze Zeit für sich und ein Gehalt, das ihn vor Sorgen schützt. Eingerichtet

habe ich mich nur ganz notdürftig; mich dünkt, ich möchte mich nirgends mehr ansiedeln und es ganz buchstäblich nehmen, daß wir nur Pilger sind ...

Anmerkung: Die Briefe sind zitiert nach Ricarda Huch »Carolines Leben in Briefen«, Leipzig 1914, und Günther Jäckel »Frauen der Goethezeit«, Berlin.

3.
Deutschland für Franzosen

Madame de Staël

7. *Madame de Staël, gemalt von Jean Baptiste Isabey*

Anne Louise Germaine, Baronin von Staël-Holstein, geb. Necker entstammt einer bürgerlichen Familie aus der französischen Schweiz. Der Vater, Jacques Nekker, ein Finanzgenie, sah sich mit 32 Jahren bereits als Besitzer mehrerer Millionen und als Direktor der Pariser Filiale eines Genfer Bankhauses; ein potentieller Rothschild in dem von Finanzkrisen geschüttelten Frankreich Ludwigs XV.

Ehrgeiz, Eitelkeit und Philanthropie trieben ihn auf die politische Bühne. Er wollte Einfluß und Ruhm. Dazu bedurfte es aber der Unterstützung der führenden Gesellschaftskreise, der öffentlichen Meinung. Diese »Lobby« verschaffte ihm seine Frau, die tugendhafte Pfarrerswaise aus dem Kanton Waadt, die dank umfassender Bildung und ihrer Schönheit in der weitläufigen Gesellschaft von Lausanne, auch bei deren Koryphäen Voltaire und Rousseau, Aufsehen erregt hatte: Sie eröffnete in Paris, wie es damals Mode war, einen Salon, in dem sie Politiker und Philosophen der Aufklärung gastlich empfing. Unter ihnen auch Diderot, der damals das weltberühmte Standardwerk für universale Bildung, die »Enzyklopädie« herausgab.

In dieser Atmosphäre wuchs Germaine auf, ein Einzel-, ein frühreifes Wunderkind, ohne Freundinnen. Gebannt saß sie bei den häuslichen Empfängen auf einem Schemel zu Füßen ihrer Mutter und verfolgte das Gespräch, in dem mit gleichem Eifer naturwissenschaftliche und metaphysische Probleme sowie politische und ökonomische Tagesfragen aufklärerisch, freidenkerisch und humanitär diskutiert wurden. Nach der damaligen Rokokomode gekleidet, mit hochaufgetürmten geschmückten Haaren, verfolgte sie das Feuerwerk der Unterhaltung mit offenen Ohren und blitzenden Augen und erstaunte die Anwesenden durch ihre frühreifen und oft intelligenten Fragen.

Das Jahr 1777 sah Necker als Generaldirektor der Finanzen mit Zugang zu dem schwachen König Ludwig XVI. Man erwartete allgemein von diesem Bankier soziale Reformen und Hebung der Staatsfinanzen. Germaine, die Heranwachsende, blickte verzückt zu ihrem Vater auf, der für sie, wie von einem Glorienschein umhüllt, über allen thronte. Gefühlsbetont, überspannt und nach Liebe hungernd, widmete die Tochter dem Vater einen regelrechten Kult. Alle, Vater, Mutter, Tochter, verband eine unwiderstehliche Motivation: die eigenen Gedanken niederzulegen und möglichst zu publizieren und vor allem sich gegenseitig zu bewundern!

Napoleon sagte einmal sarkastisch: »In dieser Familie liegen Vater, Mutter und Tochter in ständiger Anbetung voreinander auf den Knien, einer sucht den andern an gegenseitiger Beweihräucherung zu übertreffen, alles zur Erbauung und Mystifizierung des Publikums.«

Als es Zeit war, Germaine zu verheiraten, stimmte diese der langwierig verhandelten Konventionalehe mit dem

17 Jahre älteren Eric Magnus Freiherrn Staël von Holstein, Gesandten an der schwedischen Botschaft zu, ohne Illusionen, aber durchaus bereitwillig. Es war die willkommene Gelegenheit, sich von der Herrschaft der dominierenden Mutter zu befreien (1786). Als verheiratete Frau konnte sie ihr eigenes Leben führen, sich selbst verwirklichen, wie man heute formulieren würde, auf jeden Fall über eine sehr große Mitgift verfügen, dank der Vorsorge des Vaters. Die beiden ungleichen Gatten verband neben Zuneigung das politische Engagement und das Ziel: Eric Magnus die Stellung als Botschafter zu erhalten und Jacques Nekker bei seinem letzten Aufstieg und Fall als Minister des schwankenden Königs zu unterstützen. Ihre persönliche Handlungsfreiheit allerdings wollte Germaine auf jeden Fall erhalten. Sie sprach dem Gatten das Recht auf Eifersucht ab; selbst wenn ihre eigene »absolute Gemeinschaft der Seelen«, die sie mit ihren Freunden verband, sich auch im sexuellen Bereich verwirklichte.
In ihrem ersten Roman »Delphine« (1802), der autobiographische Züge trägt, unterwirft Germaine die damals übliche Form der Ehe einer heftigen Kritik: sie nannte die »Zwänge der Gesellschaft« unerträglich, die eine Frau trafen, welche aus der ehelichen Gemeinschaft ausbrechen wollte.
»Wenn es irgend einen Umstand gibt«, so schreibt sie, »der uns berechtigt, eine Klage gegen unseren Schöpfer zu erheben, so ist es dieser Umstand einer unglücklichen Ehe. Wehe über die Frau, die gezwungen wird, ihr Leben selbst in die Hand zu nehmen, um die Feh-

ler und Kleinlichkeit ihres Mannes zu verbergen, statt sich von ihm zu befreien und allein die Bürde des Daseins zu tragen.« Wie einst ihre Mutter in der Rue de Cléry eröffnete Germaine nun in der schwedischen Botschaft in der Rue du Bac einen der führenden Salons von Paris. Ihre Gäste waren Politiker, Vertreter des liberalen Adels und des intellektuellen Bürgertums, die die Unterprivilegierung des dritten Standes beseitigen, aber einen radikalen Umsturz verhindern wollten. Der berühmte Sieyès war die Zierde ihres Salons. Mit ihm entfaltete sich Madame de Staëls Kunst der Konversation zu höchster Blüte, ja zur gleichsam magischen Intuition, die ihre Zuhörer in den Bann schlug. Sie beschwor vor ihren Gästen die Schaffung einer freien Gesellschaft, eines liberalen Staates, einer konstitutionellen Monarchie nach dem Vorbild Englands, vor allem einer allgemein gewählten Verfassung als Garantie der bürgerlichen Freiheiten.

Das Jahr 1789 macht allem Theoretisieren ein Ende, die Revolution ist Wirklichkeit – nicht ohne Zutun Neckers, der dem König geraten hatte, die bestehende Volksvertretung, die Generalstände, einzuberufen, was die Revolution auslöste. Bei der Eröffnungsrede aber versagt Necker vor den Generalständen. Seine daraufhin erfolgte Entlassung soll die Bevölkerung von Paris zum Sturm auf die Bastille (14. Juli 1789) getrieben haben. War Necker nicht der Wohltäter des Volkes gewesen, der im Hungerwinter der französischen Regierung einen Kredit von 2 Millionen Franken bewilligt hatte, um Brotgetreide einzukaufen? Die Neckers ziehen sich dennoch auf ihr Schloß Coppet am Genfer

See zurück, das sie als Zufluchtsort bereits 1784 gekauft haben!
Bei den Generalständen gewinnt bekanntlich der dritte Stand die Oberhand und konstituiert sich als Nationalversammlung, die bald darauf den Namen: Verfassungsgebende Versammlung annimmt. (Assemblée constituante, aufgelöst 30. IX. 1791.)
Diese Periode wird die hohe Zeit der politischen Karriere Germaines. Durch ihre Mittelsmänner greift sie unmittelbar in die Entscheidungen der Regierung ein. Ihr Salon wird zu einer Art Vorhof des Parlaments. In einem Rausch, ja, in Begeisterungstaumel erlebt sie, wie die so oft bei ihr diskutierten freiheitlichen Ideale nunmehr Wirklichkeit werden!
Abschaffung der Privilegien des Adels, Pressefreiheit, die Proklamation der Menschenrechte: Freiheit, Gleichheit, Brüderlichkeit, die Gleichheit aller Bürger vor dem Gesetz, die Annahme der neuen Verfassung durch Abstimmung.
Ein goldenes Zeitalter schien angebrochen. Teils erregt, teils bewundernd blickten die von ihren absoluten Herrschern regierten Völker Europas nach Frankreich. Aber diese die Gesellschaft umwälzenden Gesetze erhielten für Germaine sozusagen ihre Weihe erst in der Verkörperung durch einen Helden von anerkanntem Ruf. Germaine war in allem, was sie tat, ein »Vollblutweib«. In ihr mischten sich stets politisches Wirken und persönliches Intrigenspiel: Liebe und Leidenschaft. Der erste ihrer Liebhaber war der berühmte Talleyrand, aus altem französischen Adel, ein Meister der Diplomatie und Beredsamkeit, erster Präsident der Nationalver-

sammlung. Ihm folgte der Graf Narbonne-Lara, mit dem Nimbus, ein illegitimer Sohn Ludwigs XV. zu sein. Er wurde erst in Germaines Salon zum Politiker, ließ sich drei Jahre lang von ihrem politischen Enthusiasmus tragen, war sogar kurze Zeit Kriegsminister und höchstwahrscheinlich der Vater ihrer beiden Söhne August und Albert (geb. 1790 und 1792), die jedoch den Namen von Staël trugen.

Mußte Germaine nach solchen »Erfolgen« nicht glauben, daß in ihren Händen die Zügel der Macht lagen? Auch wenn es ihr als Frau versagt war, ein politisches Amt zu bekleiden? Unüberhörbare Impulse für die Emanzipation der Frau gingen von der Proklamation der Menschenrechte auf die gebildeten Frauen, auch aus bürgerlichem Millieu, aus!

Das Schicksal der unglücklichen Königsfamilie allerdings hat Germaine nicht gewollt: sie sucht mit allen Mitteln zu helfen, wo sie nur kann. Aber Marie Antoinette, die Tochter der österreichischen Kaiserin, steht ihr kühl und äußerst kritisch gegenüber. In ihrem Brief an den Grafen Fersen schreibt sie: »Endlich, seit gestern, ist Graf Lara-Narbonne Kriegsminister. Welch Triumph für Madame Staël, welche Freude für sie, die ganze Armee zur Verfügung zu haben!«

Doch nun gewinnen in Paris die radikalen Elemente die Oberhand. Die Gefängnisse füllen sich, der aufgereizte Pöbel begeht Morde; sogenannte Volksgerichte werden berufen.

Madame de Stael scheut keine Gefahr und keine Kosten, um ihre zahlreichen Freunde zu retten; sie auf verschlungenen Pfaden in die Schweiz oder nach England zu schleusen. »Einen Handel mit Menschenfleisch« nennt sie ihre Tätigkeit bitter. Talleyrand flieht in das freie Amerika, und als schließlich der König und die Königin als Gefangene des Volkes im »Temple« sitzen, arbeitet Germaine einen detaillierten Fluchtplan aus, der sicherlich eher gelungen wäre als der dilettantisch vorbereitete, verhängnisvolle Fluchtversuch der königlichen Familie nach Varennes. Aber Marie Antoinette schweigt. *Wollte* sie sterben?

Der Sommer 1793 kam. Das Revolutionstribunal bereitete verleumderisch den Prozeß gegen die Königin vor, demütigte und beleidigte sie. Madame de Stael veröffentlichte von Coppet aus eine Flugschrift, in der sie sich zur Sprecherin *aller* Frauen Frankreichs machte, und appellierte an deren Gefühl und Verantwortung, sich für die Königin einzusetzen, damit nicht Brutalität im republikanischen Frankreich die Oberhand gewönne. Vergebens, das Haupt der Königin fiel unter dem Jubel der fanatisierten Menge.

Gewiß fühlte Germaine sich in einer gewissen Wahlverwandtschaft zu der im Unglück gereiften Tochter Maria Theresias hingezogen. Beide waren Ausländerinnen. Sie teilten das Schicksal, durch eine Konventionalehe an einen schwachen, unschlüssigen Gatten gebunden, aktiv werden zu müssen und den ihnen von der Gesellschaft auferlegten Wirkungskreis zu durchbrechen, also das Ruder in die Hand zu nehmen, Veto einzulegen, was ihnen die öffentliche Meinung bitter verübelte. Während man Marie Antoinette haßerfüllt »die Erztigerin, Madame Veto« titulierte, schmähte man Germaine als »Bacchantin der Revolution, eine Nymphomanin«, die

gewiß das gleiche Schicksal unter der Guillotine erlitten hätte, wenn sie nicht die Immunität als Botschaftersgattin eines neutralen Landes geschützt hätte.
Um diese Zeit stirbt Germaines Mutter, Madame Nekker. Nun hält die Tochter Hof auf Schloß Mézery bei Lausanne, das sie für ihre emigrierten und bedrohten Freunde angemietet hat. Endlich bringt der Fall Robespierres das Ende der Schreckensherrschaft und der Germaine auferlegten Isolation. Doch ihr Tatendrang, ihr unersättlicher Geist treiben sie zu neuen Plänen – oder neuen Intrigen? Oder auch beides zugleich? Eins schien ohne das andere kaum möglich.
Ihr ständiger Begleiter ist jetzt ein junger Schweizer Adliger aus dem Kanton Waadt, Benjamin Constant de Rebecque, ein genialer Kopf, ein glänzender Gesprächspartner, hochbegabt, weitgereist, (in seiner Jugend war er eine zeitlang Kammerherr am braunschweigischen Hofe). Seine Sensibilität hatte verhindert, daß er – entsprechend seinen Gaben – irgendwo festen Fuß faßte. Germaine ist fasziniert! Die Gespräche mit ihm steigern sich zu stundenlangen Orgien des Wortes. Bald können die beiden kongenialen und exaltierten Menschen nicht mehr voneinander lassen. Ihre leidenschaftliche Verbindung gleicht einem endlosen dramatischen Dialog, dessen Bühne die reiche Empfindungsskala ihrer Seelen oder das politische Welttheater in Paris ist. Benjamin Constant notiert einmal in seinem Tagebuch:
»Ich habe niemals eine Frau gekannt, die einen so ununterbrochen in Anspruch nimmt, ohne sich dessen bewußt zu sein ... Jedermanns Leben muß zur Gänze in

jeder Stunde, in jeder Minute, jahrelang zu ihrer Verfügung stehen, sonst gibt es einen Ausbruch wie alle Gewitter und Erdbeben zusammen.«

Dreizehn Jahre brauchte Benjamin, um sich von Germaines Despotismus und ihrer Faszination zu befreien. In dieser Zeit hatten sich die beiden jedoch weit über das übliche Maß gesteigert. Germaine war zu einer Politikerin, Moralistin und Kulturphilosophin, zu einer berühmten Schriftstellerin herangereift, um deren Romane man sich riß, zumal sie mit ihrer kritischen gewandten Feder sogar einem Napoleon offen zu trotzen wagte. Benjamin war unter ihrem Einfluß ebenfalls zu einem anerkannten Schriftsteller geworden, vor allem aber zu einem politischen Theoretiker und Religionsphilosophen, der in der französischen Innenpolitik eine bedeutende Rolle spielen und Germaines politisches Erbe verwirklichen sollte.

Im Paris des Direktoriums, einer Periode korrupter Unfähigkeit, wohin ihr Zigeunerleben Germaine und Benjamin mehrfach führte, bekannten sich beide eindeutig zur Partei der Republikaner. Galt es doch jetzt, die gerade erkämpften liberalen Ideale gegen die wieder aufkommenden Royalisten zu verteidigen. Daraufhin ernteten *beide* Anfeindungen, ja Drohungen, verhaftet und ausgewiesen zu werden. Es waren die letzten Jahre, die Germaine in der geliebten Rue du Bac residierte. 1797 brachte sie hier ihre Tochter Albertine zur Welt, deren Vater aber ebensowenig der schwedische Botschafter war wie seinerzeit bei August und Albert. Herr von Staël war damals bereits am Ende seiner politischen Karriere angelangt, und am ... Ende seiner

Ehe. In Schulden verstrickt, den Spielhöllen verfallen, schließlich vom Schlaganfall gelähmt, siechte er dahin, von allen verlassen. Mitleid und Vernunft allein veranlassen Germaine, seine Schulden zu ordnen und die wütenden Gläubiger zu beschwichtigen. Sie wollte den Kranken nach Coppet bringen. Doch Eric Magnus starb unterwegs in einem Gasthof an der Landstraße (1802). In Paris vollzieht sich eine entscheidende Wende. Am 9. November 1799 (le 18 brumaire de l'an VII de la Révolution) glückt Napoleon Bonaparte, dem Sieger auf den oberitalienischen Schlachtfeldern, der Staatsstreich. Er wird zum 1. Konsul auf 10 Jahre gewählt, erhält so praktisch die Alleinherrschaft. Talleyrand wird Außenminister, Benjamin Tribun. Hat Germaine wieder in die Zügel der Macht gegriffen? Sie begrüßt begeistert den jungen Helden Napoleon, »den Sohn der Revolution«. In einem Brief an Henri Meister nennt sie ihn den »besten Republikaner Frankreichs, den freiheitsliebendsten Franzosen«. Sollten sich die genialsten Menschen Frankreichs nicht miteinander zu dessen Wohl zur Verteidigung der Werte der Republik verbinden? Sie überschüttet den Konsul Napoleon mit Briefen. Napoleon antwortet nicht. »Diese Frau ist verrückt. Ich kann ihr Kauderwelsch nicht verstehen«, soll er ihre Briefe kommentiert haben. Eine Reihe sicherlich authentischer Szenen werden erzählt, in denen Napoleon die ihm höchst unbequeme Frau in beleidigender Weise zurückstößt. Schließlich wird Germaine durch Napoleons unerbittlichen Widerstand in die Offensive, ja, in eine kompromißlose Feindschaft gedrängt. Ein 14jähriges Duell beginnt, in dem »der Kaiser der Mate-

rie« der »Kaiserin des Geistes« schließlich unterliegt (So zitiert nach Sainte Beuve). Napoleons Waffen gegen Germaine sind brüske Ablehnung, Zensur, Entfernung aus Paris, Verbannung aus Frankreich.
Mit dem ganzen Einsatz ihrer faszinierenden, intriganten Persönlichkeit, ihrem politischen Engagement, ihrer kraftvollen, oft verletzenden Feder, dazu mit der Unermüdlichkeit ihres Geistes und sicher mit dem Gespür einer beleidigten Frau für die Schwächen und Verletzbarkeit des Gegners schlägt sie zurück. Sie durchmißt dabei Abgründe der Verzweiflung. Liebe und Macht umkreisen ihr ganzes Sein – wohin sie auch immer das Exil führen wird.
Ende Oktober 1803 rollt ein geräumiger Reisewagen der Schweizer Grenze zu. Darin sitzt die berühmte Verfasserin der »Delphine«, begleitet von ihren Kindern August und Albertine (nun 13- und 6jährig), sowie dem unerläßlichen Benjamin Constant und zwei oder drei Bediensteten. Napoleon hat endgültig zugeschlagen: Germaine ist auch aus der Schweiz verbannt!
Die einer Flucht gleichende Fahrt geht über den Rhein: nach Deutschland! Doch hier ist es kalt, fremd und alles erscheint ungewiß. In Frankfurt erkrankt die kleine Albertine. Die Mutter ist verzweifelt; ihre Bangigkeit weicht auch nicht, als der diagnostizierte Scharlach sich nur als eine heftige Erkältung erweist. Todesahnungen quälen sie, und ihr Trübsinn teilt sich der kleinen Reisegesellschaft mit. Gottlob kennt Benjamin das Land! Sein Charme ist auch hier wirksam. Und als die kleine Reisegesellschaft nach Thüringen kommt, hebt sich vollends die Stimmung. Man fährt über die unter

einer leichten Schneedecke liegenden bewaldeten Höhenzüge des Thüringer Waldes, durch malerische Kleinstädte, durch Eisenach, wo Germaine entzückt einer Gruppe Kurrendesänger lauscht. In ihrem Deutschlandbuch wird sie später die poetische Atmosphäre der Landschaft, die Liebe der Deutschen zum Lied, zur Musik überhaupt, als besonders charakteristisch schildern. Als sie also angeregt selber beginnt, auf der Mundharmonika zu spielen, ist im düsteren Reisewagen aller Trübsinn weggeblasen.

Am 13. Oktober: Ankunft in Weimar! Der Pariserin muß die kleine Residenz wie eine Welt aus der Spielzeugschachtel vorkommen. Aber Madame de Staël wird schnell von Ort und Menschen beglückt sein; denn: selbst hier ist sie keine Unbekannte! Wie sie an ihren Vater schreibt: »Weimar, den 13. Dez. 1803. Denk' Dir, ich bin an einem kultivierten Ort. Meine ›Delphine‹ ist dem ganzen Lesepublikum bekannt! Überall versichert man mir – in erbärmlichstem Französisch: ›La Delphine est charmante‹« ...

Am Weimarer Hof hatte man zwar dem Besuch der berühmt-berüchtigten Republikanerin und Feindin Napoleons mit gemischten Gefühlen entgegengesehen. Da man als Bundesgenosse Preußens »neutral« war, wollte man um dieses affektierten Blaustrumpfes, dieser »Männerverführerin« willen nicht in Schwierigkeiten geraten.

Doch als die »Königin der Pariser Salons« wie eine Caesarin »kam, sah und siegte«, da waren im Handumdrehen alle Bedenken zerstreut. Sogar die kühle, unnahbare Herzogin Luise fühlte sich von Germaine ver-

standen und ... bestätigt; sie wurden fast Freundinnen! Auch mit dem Herzog Karl August führt sie – wie sie einmal schreibt – die »geistreichsten« Gespräche.
Und die Herzogin-Mutter, Anna Amalia, die Begründerin des Weimarer Musenhofes, genoß den Reiz und die Grazie der französischen Konversation – wie eine Reminiszenz an die eigene Jugend am Braunschweiger Hof. Sie lud Germaine und den Begleiter Benjamin immer wieder zum Souper und anschließendem Kartenspiel ins Wittumspalais ein.
Die höchste Welle der Bewunderung aber schlug Germaine entgegen, wenn sie, unnachahmlich in Gebärde und theatralischer Ausdruckskraft, ihre Lieblingsrolle: die von Leidenschaften verzehrte »Phädra« des großen Racine vortrug. Man fühlte sich nach Paris versetzt und erkannte in dem Gast die Vertreterin edelster französischer Kultur!
Aber auch die Französin entdeckte neue Perspektiven und Tiefen des Denkens und Philosophierens. Sie schrieb an ihren Vater: »In Frankreich ist über dieses Land absolut nichts bekannt. Und dabei ist es eine wahre Goldgrube von Gedanken, mit denen ein Franzose etwas Vernünftiges anfangen könnte.« Oder: »Wenn man eine Unterhaltung sucht, deren Ziel eine Belehrung oder eine eigentümliche und geniale Analyse seltsamer Gedanken und vereinzelter Gefühle ist, so muß man hierherkommen! Deutschland ist eine Fundgrube von Genies!« Und so erwachte ihr Plan, ein *Deutschlandbuch für Franzosen* zu schreiben. Ihre eigenen Erfahrungen und Erkenntnisse in den Dienst eines besseren gegenseitigen Verständnisses zu stellen, führte

sie von nun an gewissenhaft Tagebuch, und sucht wie eine versierte Journalistin unserer Tage Gespräche mit Persönlichkeiten und Repräsentanten deutschen Geisteslebens, die sie sorgfältig aufzeichnete. Die Begegnung mit den Weimarer Geistesgrößen: Goethe und Schiller (Herder lag leider im Sterben) bahnte sich freilich nur langsam an. Es war für die Deutschen schwierig, über die Probleme der »Ästhetik« und »Ethik« in knapper Formulierung, dazu im Plauderton und mit französischem Charme zu diskutieren.

Goethe zeichnet im Rückblick in seinen Annalen ein offensichtlich treffendes Porträt von dem turbulenten Gast: »Ihre Gegenwart hatte wie im Geistigen so im Körperlichen etwas ›(Auf)-reizendes‹ und sie schien es nicht übel zu nehmen, wenn man von dieser Seite nicht unempfindlich war. Wie oft geschah es, daß sie Geselligkeit, Wohlwollen, Neigung und Leidenschaft alles zusammengeschmolzen haben wollte. Einmal sagte sie sogar zu mir: ›Ich habe niemals einem Mann vertraut, der nicht einmal in mich verliebt gewesen wäre.‹« Und weiter schreibt Goethe: »Mit Andrang verfolgte sie ihre Absicht, unsere Zustände kennen zu lernen, sie ihren Begriffen ein- und unterzuordnen, sich nach dem Einzelnen so viel als möglich zu erkundigen; als Weltfrau sich die geselligen Verhältnisse klar zu machen, in ihrer geistreichen Weiblichkeit die allgemeinen Vorstellungsarten und, was man Philosophie nennt, zu durchdringen und zu durchschauen... Sie wollte das sittliche, gesellige, literarische Weimar kennenlernen und sich über alles genau unterrichten; dann aber wollte sie auch gekannt sein und suchte daher, ihre Absichten

8. August Wilhelm Schlegel, gemalt von Friedrich August Tischbein

9. Friedrich Schlegel, gemalt von Caroline Rehberg

ebenso geltend zu machen, als es ihr darum zu tun schien, *unsere* Denkweise zu erfassen. Allein dabei konnte sie es nicht lassen, auch wirken zu wollen auf die Sinne, aufs Gefühl, auf den Geist. Immer wollte sie zu einer gewissen Tätigkeit aufreizen, deren Mangel sie uns vorwarf. Da sie keinen Begriff hatte von dem, was ›Pflicht‹ heißt und zu welcher stillen gefaßten Lage sich derjenige, der sich überwindet, entschließen muß, sollte immerfort eingegriffen, augenblicklich gewirkt und wie in der Gesellschaft immerfort gesprochen und verhandelt werden.« So Goethes Bericht.

Zweieinhalb Monate blieb Madame de Staël in Weimar, jener »heimlichen geistigen Hauptstadt der Deutschen«. Dann fuhr sie in deren politische Hauptstadt: nach Berlin. Der glänzende Empfang bei Hof, wo alles um die bezaubernde Königin Luise kreiste, erfüllte sie mit Genugtuung. Überrascht von dem hohen geistigen Niveau auch der Berliner Salons, in denen sie die führenden deutschen Gelehrten kennenlernte, traf sie August Wilhelm Schlegel. Ihn hatte ihr Goethe zum Erzieher ihrer Kinder vorgeschlagen. So schrieb sie an ihren Vater: »Ich habe hier einen Mann kennengelernt, der in der Literatur mehr Kenntnisse hat und mehr Geist besitzt als meine sämtlichen Bekannten, nämlich A.W. Schlegel. Benjamin wird Dir sagen können, daß er in Deutschland (als Begründer der frühen Jenaer Romantik und als Shakespeareübersetzer) sehr bekannt ist. Aber Benjamin weiß nicht, daß Schlegel auch französisch und englisch wie ein Franzose oder Engländer spricht, und daß er alle Bücher der Welt gelesen hat, obgleich er erst 36 Jahre alt ist. Ich tue, was ich kann, um ihn zu bewegen, mich zu begleiten. Erzieher meiner Kinder würde er wohl nicht werden, dazu ist er zu bedeutend. Mir aber könnte er bei der Arbeit an meinem neuen Buch viel nützen... Ich hoffe, daß dieser Plan gelingt...«

Schlegel zögerte. Aber schließlich lockte ihn das großzügige finanzielle Angebot. Er war seit einem Jahr von seiner Frau Caroline Schlegel geschieden und hatte seither stets Geldsorgen. Aber der Hauptgrund war: Germaine hatte als Frau auf ihn Eindruck gemacht, und Schlegel glaubte sich durchaus zu gewissen Hoffnungen berechtigt. Schließlich entschied sich alles von einem Tag auf den andern, als Frau von Staël die Nachricht vom Tode ihres Vaters erhielt.

Sie fuhr sofort ab, und Schlegel stieg zu ihr in den Reisewagen – aus Mitleid mit dem »rasenden Schmerz der Freundin«, wie er schreibt. Es war die Entscheidung für sein Leben. 14 Jahre, bis zu ihrem Tode, sollte er Germaines Schicksal teilen, ein Leben auf der großen Bühne der damaligen Welt, aber natürlich auch ein Leben in steter Abhängigkeit: als Freund, als väterlicher Berater ihrer Kinder, als Vaterersatz also, als Stellvertreter, als Sklave, aber... niemals als Geliebter!

Die Jahre von 1804 bis 1810 waren für ihn und viele andere »die großen Tage von Coppet«. Germaines idyllisches Schloß am Ufer des Genfer Sees war zum Mittelpunkt der liberalen Opposition Europas geworden, zum Treffpunkt der Männer und Frauen der damaligen kosmopolitischen Gesellschaft. Und sie war die unbestrittene Königin der hier zur Vollendung gesteigerten Konversation. Germaine war nicht schön, aber sie stellte

ihre persönlichen Reize gerne zur Schau: eine alabasterweiße Haut, ein üppiges Decolleté, wohlgeformte Arme, umrahmt von den Draperien ihrer Roben, darüber der geschlungene Turban, der die Lockenfülle bändigte. Mochte sie manche auf den ersten Blick schockieren – der Kraft ihrer Beredsamkeit, dem Reichtum ihrer Erfindungen, ihrem unablässig improvisierenden Verstand vermochte sich niemand zu entziehen. Ihr Biograph Christopher Herold jedenfalls schreibt mit der ihm eigenen spöttlichen Lebendigkeit (S. 278):
»Coppet war mehr als nur ein Mittelpunkt politischer Intrige und Opposition. Es war eine literarische und dramatische Werkstatt, ein Seminar und Debattierklub in Permanenz, ein Laboratorium der Ideen und eine kirkesche Menagerie. Wie eine launenhafte Märchenkönigin herrschte Germaine tyrannisch über die unharmonischste Menge von Bewunderern, Liebhabern, Freunden und Sklaven, die je in einem Schloß versammelt war. Angesichts der majestätischen ewigen Ruhe der Alpen debattierten, stritten, liebten, haßten und schrieben sie, führten Theaterstücke auf, unterwarfen sich, intrigierten und bewegten sich in einem unablässigen Reigen von großen und kleinen Leidenschaften ...«
Soweit der Biograph.
Trotz dieser unaufhörlichen, von Reisen unterbrochenen Bewegung, arbeitet, schreibt Germaine, gleich wo sie sich befindet! Sie macht die Nacht zum Tage, da sie nur mit Hilfe von Opium Schlaf findet, jener berühmten »Coppetdosis«, die ihre robuste Gesundheit zerrütten wird. Jetzt, als Vierzigerin, verfaßt sie ihre bekanntesten Werke: »Corinne« und »De l'Allemagne«. »Corinne«

(1807) ist wie »Delphine« (1802) ein autobiographischer Roman. In »Delphine« steht die rückhaltslos »liebende« Frau im Mittelpunkt, die keine Rücksicht auf Konvention und öffentliche Meinung kennt und an der Reaktion der ihr feindlich gesinnten Gesellschaft zerbricht. Diese »geniale« Frau, die, von ihrem Dämon getrieben, nur ihrer Kunst lebt, wird zur berühmtesten Dichterin und Tragödin Italiens. Aber das Glück einer erfüllten Liebe, das sie vor allem ersehnt, bleibt ihr versagt. Und die Gesellschaft verdammt auch diese »geniale Frau« zur Einsamkeit.
In beiden Werken analysiert Germaine/Delphine/ Corinne die reichen Nuancen und gefährlichen Tiefen dieser stark empfindenden Frauenseelen und eröffnet so den Franzosen, vor allem der jungen frustrierten weltschmerzlichen Künstlergeneration, den Zugang zu einer neuen unergründlichen Welt der Dichtung: der Romantik.
Hier, wie in Germaines Werk »De l'Allemagne« – »ein Deutschlandbild für Franzosen« so müßte es eigentlich heißen – wird die Mitarbeit August Wilhelm Schlegels sicher beträchtlich. Sein Kopf ersetzte eine ganze Bibliothek. Seine Unerhaltungen waren Kollegs über die Literaturen der Völker. Überdies forderte seine betont deutsch bleibende Persönlichkeit zu einem Vergleich französischen und deutschen Wesens heraus.
Was als Reisetagebuch begonnen hatte, war am Ende ein dreibändiges Werk geworden, das einen Überblick über das damalige Deutschland zu geben versuchte: über Geographie, Sitten, Institutionen, über die Kunst, vornehmlich die Literatur, über die Fülle der bestehen-

den philosophischen Systeme und deren Vertreter: Fichte, Schelling, Hegel ... über alles das, was Germaine für die hervorragendste deutsche Eigenheit ansah: die Fähigkeit zur *Begeisterung*, den *»Enthusiasmus«*.

Mit dem fast vollendeten Manuskript eilt Germaine nach Chaumont – sie hat das prächtige Loireschloß für sich und ihre Trabanten angemietet –, denn der Aufenthalt in Paris selbst ist ihr immer noch untersagt. Sie verhandelt mit der erst kürzlich von Napoleon wieder eingeführten Zensurbehörde und glaubt, mit diesem Werk die Gunst des Kaisers zurückzugewinnen. Ist sie sich der politischen Brisanz einer solchen Gegenüberstellung und Bewertung der Franzosen und Deutschen gerade zu diesem Zeitpunkt nicht bewußt? Oder hat sie sich selber in einen kühnen Zukunftstraum gesteigert bei diesem Bemühen um Völkerverständigung – auf der Grundlage gegenseitigen Verständnisses und Kennenlernens?

Napoleon macht kurzen Prozeß. Alle gedruckten Bände werden konfisziert und eingestampft. Selbst der Drucksatz wird zerstört. In letzter Minute gelingt es Germaine, ein Manuskript nach Österreich in Sicherheit bringen zu lassen. Als dieses 1813 in London erscheint, wird es im Augenblick der erfolgreichen Erhebung Preußens zum *»Bestseller«*. Goethe bemerkt dazu klarsichtig (1814):

»Die französische Polizei war intelligent genug zu begreifen, daß ein solches Werk das deutsche Selbstvertrauen stärken mußte, und vernichtete es vorsorglich ... Heute wirkt das Buch erstaunlich. Wenn es früher erschienen wäre, hätte man die letzten großen Ereignisse auf seinen Einfluß zurückführen können.«

Napoleon hatte – stets empfindlich für das aufkeimende Nationalgefühl der von ihm unterworfenen Völker – entsprechend reagiert: Das Schicksal des Nürnberger Buchhändlers Palm und des Tirolers Andreas Hofer sprechen eine deutliche Sprache.

Nach Coppet zurückgekehrt (Ende 1810), kommt Germaine sich wie im Gefängnis vor: sie wird bespitzelt, darf sich nur in Coppet oder Genf aufhalten. Wenn Freunde sich zu ihr wagen, trifft auch diese der Bannstrahl des Kaisers.

Schlegel zieht nach Bern, Benjamin hat geheiratet. Und Germaine? Vielleicht ist diese Isolation und Frustration das Motiv zu dem Schritt, den Germaine zwar peinlichst geheim hält, der aber alle ihre Verehrer und Freunde schockiert. Sie erhört das leidenschaftliche Werben eines 23jährigen Schweizer Leutnants in französischen Diensten. »Schön wie der lichte Tag«, ist er, aber wegen Kriegsverletzungen geht er an Krücken. Er hat keinerlei Bildung, aber er betet sie an, die fast doppelt so alte Frau! Hat sich Germaine in die Rolle einer Sappho gesteigert? Sie gibt ein feierliches Eheversprechen und: sie schenkt einem Sohn das Leben, dem kleinen »Wir«, der sofort zu Pflegeeltern gegeben wird. Selbst ihre engste Umgebung hat nichts von der Schwangerschaft gemerkt, man glaubte der Version: sie sei an Wassersucht erkrankt. Schlegel hat inzwischen von Bern aus Fluchtpläne vorangetrieben. Im letzten Augenblick teilt Germaine ihm jedoch mit, daß John Rocca statt seiner sie als ihr »heimlicher Gatte« begleiten wird. Was in

Schlegel vorgegangen ist, läßt sich kaum erahnen. Doch zur Umkehr ist es zu spät: Schlegel besorgt einen österreichischen Paß auf einen falschen Namen für Rocca.
Die letzte große Flucht beginnt wie eine heitere Spazierfahrt. Germaine und Albertine sitzen im offenen Wagen und fächeln sich Kühlung zu. In der Nähe von Bern stößt Schlegel zu ihnen. Albert und der treue Sekretär Uginet folgen mit dem Gepäck, Rocca fährt allein nach Wien. Hier verweilt man nur wenige Tage, doch der Polizeibericht über Madame de Staël umfaßt 114 Seiten. Höchste Eile ist geboten. Napoleon hat bereits die Große Armee nach Rußland in Marsch gesetzt. Das Ziel der Reise Germaines – Schweden – läßt sich nur auf weiten Umwegen erreichen. So rollt der Reisewagen durch Galizien, vorbei an den Kornfeldern der Ukraine …
Ende Juli schließlich ist man in Moskau. Vom Turm der Kirche Iwans des Schrecklichen erblicken die Reisenden die unzähligen Holzhäuschen, die bunten hölzernen Paläste und die grün und golden schimmernden Kuppeln der 1500 Kirchen. Fünf Wochen später, als Napoleon hier Winterquartier beziehen will, versinken sie in Schutt und Asche. Der verhängnisvolle Rückzug der Großen Armee beginnt.
In Sankt Petersburg wird Germaine wie ein verbündeter Generalissimus bei Hof empfangen. Sie liest aus ihren Werken und plaudert mit dem Zaren über ihre politischen Vorstellungen: Nämlich, Schweden zu einem Beitritt in ein Militärbündnis gegen Napoleon zu bewegen, was sich mit den Wünschen des Zaren deckt.
Weiter, nach Stockholm! Dort führt sie mit ihrem

»guten alten« Freund Bernadotte, dem jetzigen Kronprinzen von Schweden, lange Gespräche. Zweifellos sucht sie ihn zu beeinflussen, sich der Allianz gegen Napoleon anzuschließen und – das ist ihre Lieblingsvorstellung – *sich nach Napoleons Sturz selber um die Thronfolge in einem neuen, liberalen Frankreich zu bemühen!* Damals kursierte das Bonmot in Europa: »Es gibt nur drei Mächte: England – Rußland – und Madame de Staël.« Es ist zwar eine unbestrittene Tatsache, daß die strategischen und diplomatischen Fähigkeiten des ehemaligen französischen Generals Bernadotte den entscheidenen Anteil an Napoleons Niedergang hatten. Eine Kandidatur auf den französischen Thron aber hat Bernadotte nicht durchgesetzt oder – im Grunde auch gar nicht erstrebt? Jedenfalls setzte der kluge Talleyrand den schlagflüssigen, gichtgeplagten, erzkonservativen Bourbonen Ludwig XVIII. auf den Thron.

Es wäre bei dieser großen Enttäuschung sicherlich ein Trost für Germaine gewesen, wenn sie in die Zukunft hätte schauen können. Der Staatsstreich von 1830, der eine liberale konstitutionelle Monarchie einsetzt, wird das Werk ihres genialen Schülers und wahrscheinlich einzig wirklich Geliebten, Benjamin Constant, sein!

Aber vorläufig sorgt Germaine sich um die Karriere ihrer Söhne. August, Schloßherr auf Coppet, wird die Aufnahme in den diplomatischen Dienst zugesichert. Albert erhält ein Offizierspatent und wird Bernadottes Flügeladjutant, Schlegel sein Privatsekretär. Für den Deutschen beginnt endlich die erfolgreichste und

glücklichste Zeit seines Lebens. Er darf wieder er selber sein. Germaine aber schifft sich mit Rocca und Albertine nach London ein. Die große Flucht ist zu Ende. Sie wird in England mit allen Ehren bei Hof empfangen: als unbestreitbare Königin der High Society.
Auf dem Festland jedoch kündigt sich Napoleons Untergang an. In der Völkerschlacht bei Leipzig (1813) wird er endgültig besiegt.
Österreicher, Preußen, Russen, Schweden verfolgen den Fliehenden tief nach Frankreich hinein. Und Germaine erkennt mit unsäglichem Schmerz, daß sie, um ihren Feind Napoleon zu besiegen, dazu beigetragen hat, ihr geliebtes Frankreich in den Untergang zu führen! Die Vorstellung, daß nun Kosaken in den Straßen von Paris kampieren und die Potentaten Europas hier Hof halten, bricht ihr fast das Herz.
Aber noch einen Preis muß Germaine für ihr politisches Spiel zahlen: Der nun 20jährige Sohn Albert, leichtsinnig, unbändig und tollkühn, fällt im Duell gegen einen Kosakenoffizier, der ihm mit einem Säbelhieb das Haupt vom Rumpf trennt. Sie schreibt Schlegel, der die traurige Pflicht hat, ihr diesen Tod seines Zöglings mitzuteilen: »Meine Kinder haben keinerlei intellektuelle Substanz. Sie haben kein Leben in sich: seltsames Ergebnis meines eigenen Feuers! Der arme Albert war nicht auf die richtige Art lebendig, aber doch wenigstens ... lebendig«!
Ist dies das Eingeständnis, daß Germaine, die ihren Kindern die Nestwärme eines geordneten Familienzusammenhalts nicht geben konnte, in der Kindererziehung versagt hat?

Nach Napoleons Abdankung kehrt Germaine aus zehnjährigem Exil in das Frankreich der Bourbonen und der Restauration zurück. Sie wird begleitet von ihrer schönen rothaarigen Tochter Albertine, nunmehr im heiratsfähigen Alter, von einem todkranken Rocca, den die Strapazen des hektischen Lebens an Germaines Seite und die galoppierende Schwindsucht aufzehren, und dem ordengeschmückten Herrn *von* Schlegel, der sich des Adels seiner Familie erinnert hatte und ihn sich offiziell bestätigen lassen konnte, um so vielleicht die geliebte *und* gefürchtete Abhängigkeit, in die er sich von neuem begab, leichter ertragen zu können.
Doch Germaine ist verändert: abgemagert, müde. Fast mechanisch nimmt sie das gewohnte Leben wieder auf: Feste, Bälle, Empfänge, politisches Intrigenspiel im eigenen Salon; Schreiben, Publizieren. Dazwischen Reisen von Paris nach Coppet und wieder zurück. Aber ihr eigentliches Interesse gilt ihren privaten Problemen: Sie braucht Geld, wenn sie Albertine mit Victor, Herzog von Broglie, Pair de France, dem Sproß einer hervorragenden, aber verarmten Familie Frankreichs, verheiraten will. Und es gelingt ihr, nach fast zwanzigjährigem Ringen mit den verschiedenen Regierungen Frankreichs, die zwei Millionen Franken zurückzuerhalten, die ihr Vater einst als Kredit zur Verfügung gestellt hatte. Angesichts dieser fürstlichen Mitgift steht einer Vermählung nichts mehr im Wege.
Jetzt kann Germaine auch ihr dem jungen Rocca gegebenes Eheversprechen einlösen. Am 16. Oktober 1816 findet die Trauung statt, die jedoch geheimgehalten wird. Germaine bleibt die Baronin de Staël-Hol-

stein. In ihrem Testament stellt sie den Gatten großzügig sicher, ebenso ihren jüngsten Sohn Louis Alphonse de Rocca. Und sie unterschreibt: »Necker de Rocca, mein wahrer Name.«
Im Februar 1817 trifft sie anläßlich eines Empfanges in Paris der Schlag und wirft sie gelähmt auf ein langwieriges Krankenlager. Schreiben und Lesen ist ihr fortan versagt! Betreut von vielen ihrer alten Freunde, findet sie am 14. Juli 1817, erst 51 Jahre alt, den nun ersehnten Tod. Ihr junger Gatte wird sie nur um sechs Monate überleben.
Der Dichter Chateaubriand, der zweite große Initiator der Romantik in Frankreich, hat uns Worte aus einem ihrer letzten Gespräche übermittelt: »Ich bin immer dieselbe geblieben: lebhaft *und* traurig, und ich habe Gott, meinen Vater und die Freiheit geliebt.«
Es ist der Pietät und Sorgfalt ihrer Familie und ihrer Nachkommen zu danken, daß das vielbändige schriftstellerische Werk und die Korrespondenz der Madame de Staël bis auf den heutigen Tag erhalten und zugänglich blieben; ebenso wie ihre persönliche Welt auf Schloß Coppet. Sie hinterließ der Nachwelt das farbige Gemälde einer schicksalsträchtigen Epoche Europas, erlebt von einer allgegenwärtigen Augenzeugin, kritisch durchleuchtet von einer intelligenten, politisch engagierten, souveränen Frau.
Souverän ja – aber war Madame de Staël eine »Emanzipierte«? Wohl kaum im Sinne der heutigen Feministinnen. Zwar kämpfte sie gegen jene die Frauen einengenden »Zwänge der Gesellschaft«, vor allem gegen die Vorherrschaft des Mannes in den sogenannten Konven-

tionalehen. Aber ein »Rollenhader«, ein »Befreiungsnotstand« existierten für eine Germaine nicht. Sie nahm für sich in Anspruch, absolut und kompromißlos, nach ihren eigenen Gesetzen ihr Leben zu führen, sich niemandem zu unterwerfen! Allein der *Liebe*, wollte sie sich hingeben, die sie, allerdings vergebens, in einem ebenbürtigen Partner suchte. Sie lebte ihrem *Dämon*, erfüllt von einem brennenden politischen Engagement, das nach Verwirklichung drängte, wobei sie die sogenannten »Waffen der Frau«: Soziabilität und gesellige Konversation, geschickt zu handhaben wußte. Ihr Anliegen war es, die Menschenrechte, deren Geburtsstunde sie miterlebt und mit eingeläutet hatte, in einer liberalen Staatsverfassung zu bewahren und zu erhalten.

So gehört sie zu den großen Frauenpersönlichkeiten der ersten Emanzipationswelle, welche die Freiheit des Ichs und einen neuen Stellenwert der Persönlichkeit auch für die Frauen forderten. Sie und manche anderen Repräsentantinnen der Goethezeit haben vor allem in ihrer Gestaltung des *eigenen* Lebensweges ein exemplarisches Muster emanzipierten Verhaltens den nachfolgenden Generationen hinterlassen.

Aus Briefen der Madame de Staël

An Villers (einem nach Deutschland übersiedelten französischen Schriftsteller). Frau von Staël verbrachte den Winter 1803/4 in Deutschland (Bonaparte hatte sie bis zum Umkreis von 40 Meilen aus Paris verbannt).

Frankfurt, den 19. November 1803

Ich wurde im fremden Lande durch einen Brief von Ihnen begrüßt. Und es war mir, als ich ihn las, als ob ich in meinem Vaterland sei. Versetzen Sie mich oft in diese angenehme Täuschung. Denn ich habe einen Winter vor mir, den ich wie einen Feind beschwichtigen möchte. Ich hätte nie geglaubt, daß man nach dreißig Jahren jemals wünschen könnte, daß das Leben schneller dahineilen möge. Aber meine Zukunft ist für einige Monate so grausam bestellt, daß ich sie schnell durcheilen möchte wie eine Wüste ...

Soll ich Ihnen als echte Französin nach knapp zwei Tagen meine Eindrücke von einem Lande schildern, das ich nicht kenne? Im Gasthaus einer kleinen Stadt habe ich in einer verräucherten Stube, wo Wollkleider über einem eisernen Ofen trockneten, ein wütendes Klavierspiel gehört. So erscheint mir alles: ein Konzert in einer verräucherten Stube. Überall findet man hier ein tiefes, poetisches Gefühl, aber keine Anmut der äußeren Formen ... Ich verstehe, daß wir die Deutschen für affektiert halten, obgleich sie mir durchaus natürlich erscheinen, aber es besteht so ein einzigartiger Widerspruch zwischen der Erhabenheit ihrer Gedanken und der Gewöhnlichkeit ihrer Formen, daß man versucht ist zu glauben, das Gemeine sei auch das Natürliche an ihnen. Wir, das heißt, Sie und ich, müssen auf alle Fälle bestrebt sein, eine Brücke zu schlagen zwischen den Gedanken der Deutschen und unseren französischen Formen ... Sprechen Sie aber, bitte, nicht über das, was ich Ihnen von Deutschland schreibe. Man kommt mir hier so wohlwollend entgegen, weshalb ich auf keinen Fall möchte, daß man von meinen französischen Impertinenzen erfährt ...

An Joseph Bonaparte, Bruder Napoleons (z. Zt. Frankfurt)

Anfang Dezember 1803

... Der Erste Konsul, soll, wie man mir mitteilt, den Winter in Paris verbringen. Könnte er mich denn nicht dorthin zurückkehren lassen? Er würde dann täglich erfahren, wie sehr mich der harte Druck meines Schicksals und die Kraft meines freien Willens dem ähnlich gemacht haben, was ich nach seiner Meinung sein soll. Sie haben keine Vorstellung, welche Wichtigkeit man in Deutschland allen Namen und allen Anekdoten aus Frankreich beilegt. Sollte ich jemals das Glück haben, Sie wiederzusehen, könnte ich Ihnen in dieser Hinsicht recht merkwürdige Dinge berichten. Frankreich braucht Erfolg. Es hätte keine freiwilligen Freunde sonst. Über die außergewöhnlichen Fähigkeiten des Ersten Konsuls scheint mir hier wie überall nur *eine* Stimme zu herrschen. Aber er wird ebenso wie in Frankreich mehr gefürchtet als geliebt ...

An J. Necker (Vater von Frau Staël)

Gotha, den 10. Dezember 1803

Was für ein Unterfangen, Norddeutschland mitten im Winter im Reisewagen zu durcheilen! Überall vier Fuß hoher Schnee; dazu die Unruhe wegen der Krankheit meiner Tochter und meine Ängstlichkeit. Das alles macht diese Zeit nur zu einer endlosen Qual, und wozu, wozu? Welch fades Ziel ward mir bisher gesteckt. Mit der Begeisterung für Bonaparte ist es in Deutschland nun aus, weil die Aristokraten jetzt englisch und die Demokraten republikanisch gesinnt sind. Aber es gibt in Deutschland weder eine politische Gesinnung *der Tat*, noch der Einigkeit. Jeder denkt für sich und raucht für sich... Die Deutschen sind gar keine Nation. Und der Erste Konsul kann mit ihnen machen, was er will, nicht gerade mit ihrer Einwilligung, aber jedenfalls ohne ihre Einwilligung, was auf dasselbe hinausläuft...

An J. Necker

Weimar, den 13. Dezember 1803

...Hier werde ich also Goethe und Schiller usw. kennenlernen! Man ruft den Geist in persona unter Waffen, um mich zu empfangen... Jedenfalls befinde ich mich in einem kultivierten Lande. Ich muß das annehmen, denn Ihre »Delphine« ist hier dem gesamten Lesepublikum bekannt. »La Delphine est charmante!« sagt man mir überall in schlechtem Französisch. Ist es nicht paradox, daß die Deutschen einen besseren Sinn für mein Buch haben als die Franzosen? Der stark ausgeprägte Parteigeist und die Mißgunst, in der ich beim Ersten Konsul stehe, haben mir in Frankreich geschadet –

diese Mißgunst schadet mir *hier* nicht, ganz im Gegenteil...

An J. Necker

Weimar, den 15. Dezember 1803

...Man hat mich hier glänzend aufgenommen. Der Herzog von Sachsen-Weimar (Carl August) sagte mir, er hätte im Jahre 1775 bei Dir geweilt, und in überreichem Maße gibt er mir jetzt alle Höflichkeiten zurück. Ich habe bei Hofe zu Mittag und zu Abend gespeist; der Herzog hat mich selbst in meinem Quartier besucht. Er läßt die Stücke Schillers und Goethes in seinem Theater für mich aufführen: kurz, mehr Höflichkeit und Güte ist nicht möglich. Das gleiche gilt von der vornehmen Gesellschaft und den großen Männern: Wieland, Schiller usw.

Es ist erstaunlich: Hier und in ganz Sachsen hat man bis in die unteren Schichten »Delphine« gelesen! Man muß ins Ausland gehen, um das Ausmaß des literarischen Rufes festzustellen. Durch alledem bin ich von meinem Kummer erlöst, doch Freude, wahre Freude von diesen dreien: Herz, Geist oder Tatkraft würde ich nur durch Liebe oder Paris oder... Macht empfinden. Alles andere ist nur Genuß; aber ein durchaus realer Schmerz ist es, wenn sie *nicht* da sind. Was sagst Du zu diesem treuen Abbild meines Innern?

An Villers

Weimar, den 15. Dezember 1803

...Seitdem ich in Sachsen bin, gefällt mir Deutschland sehr viel mehr. Ich glaube nicht, daß ich mich dabei nur von dem außerordentlichen Wohlwollen blenden lasse, das man mir hier entgegenbringt. Es scheint mir, als ob hier die bedeutenden Männer, selbst wenn man die geringere Feinheit der Sitten und die geringere Geisteskultur in Betracht zieht, im allgemeinen häufiger sind als anderswo ... Schiller scheint mir der kantischste von allen Dichtern zu sein. Wir haben schon miteinander disputiert, ohne gegenseitig unsere Sprachen zu verstehen. Dennoch hat sein Geist den allergrößten Eindruck auf mich gemacht. Wieland kokettiert mit mir; der Herzog und seine Gemahlin haben mich mit Güte überschüttet ... Das alles erfreut, interessiert mich, aber glücklich kann man doch nur in seinem Vaterlande sein! Ich habe ein Reisetagebuch zu führen begonnen mit einer Analyse der philosophischen und literarischen Strömungen in Deutschland ...«

An Goethe (der in Jena weilte)

Weimar, den 18. Dezember 1803

Man gibt diese Woche hier »Die natürliche Tochter«. Sie müssen mir also erlauben, hier in Weimar zu bleiben, um Ihr Stück zu sehen. Aber wenn Sie mich am Sonnabend haben wollen, komme ich zum Mittagessen zu Ihnen. Das heißt, Sie müßten mir dann ein Quartier besorgen.

Ich brauche nur zwei Zimmer, eins für meine sechsjährige Tochter und das andere für mich. Ich bin hinsichtlich der materiellen Seite des Lebens die anspruchsloseste Person der Welt. Und ich werde noch weniger Wert als sonst darauf legen, wenn ich mit Ihnen zusammen bin. Ich sage Ihnen das, damit Sie sich nicht einfallen

lassen, mich wie eine Dame aus Paris zu empfangen, sondern wie eine Frau, die am meisten über »Werther« und den »Grafen Egmont« geweint hat...
Da habe ich Ihnen nun einen Brief geschrieben, als hätte ich Sie Zeit meines Lebens gekannt. Aber habe ich Sie denn nicht mein ganzes Leben lang gelesen? Und ist Ihr »Werther« nicht das Werk, das ich hundertmal immer von neuem gelesen habe, das also untrennbar mit meinem gesamten Empfindungsleben verknüpft ist? Leben Sie wohl, auf Wiedersehen am Sonnabend! Wenn mein Wagen in Ihren Bergen nicht umfällt, bin ich um ein Uhr bei Ihnen...«

An Fauriel (frz. Literarhistoriker)

Weimar, den 19. Februar 1804

...Benjamin und ich, wir haben zweieinhalb sehr angenehme Monate bei Goethe und Schiller und einem Fürsten verlebt, der ein sehr geistreicher Mann ist. Ich beabsichtige nun, meine Reise nach Deutschland durch einen zweimonatigen Aufenthalt in Berlin abzuschließen... Wenn man die Geselligkeit liebt, wenn man sich daran gewöhnt hat, durch diese Art von Vergnügungen sich zu zerstreuen, so kann einem zwar nur Frankreich zusagen. Wenn man aber eine Unterhaltung sucht, die als Ziel eine Belehrung oder eine eigentümliche und geniale Analyse seltsamer Gedanken und vereinzelter Gefühle hat, so muß man hierher kommen, um sie zu finden...«

An J. Necker

Berlin den 23. März 1804

Ich bemühe mich, so gut ich kann, mich über das jetzige Leben hinwegzutäuschen. Aber ich bin unfähig, irgendeine ernste Beschäftigung zu treiben. Getrennt von allem, was ich liebe, überkommt mich unaufhörlich ein Gefühl der Unruhe, das keinen bestimmten Grund hat, das aber jede Aufregung zu einem Schmerz steigert. Ich werde hier weiterhin glänzend behandelt. Man lädt mich alle Tage am Hofe und in der Stadt ein. Gestern habe ich mit den Brüdern des Königs getanzt; kurz ich kann mir in gesellschaftlicher Hinsicht nichts Besseres wünschen...

Ich habe hier sogar einen Mann kennengelernt, der in Literatur mehr Geist und Kenntnisse besitzt als fast alle mir bekannten Personen, nämlich: Schlegel. Er spricht Französisch und Englisch wie ein Franzose und Engländer und hat gelesen, was es in der Welt gibt, obwohl er erst 36 Jahre alt ist. Ich tue alles, was ich kann, um ihn zu bewegen, mit mir zu kommen...

Man kann sich keinen Begriff von dem machen, was die Deutschen *wissen*, wenn sie sich mit einem Gebiet beschäftigen. Sie scheinen aus vierundzwanzig Stunden achtundvierzig zu machen. Ihr Geheimnis besteht darin, daß sie nie in Gesellschaften gehen. Dieses Geheimnis liegt mir zwar ganz und gar nicht, aber das literarische Genie hängt offenbar davon ab...

An Wieland

Berlin, 31. März 1804

Jawohl, mein lieber Wieland, da bin ich nun in Berlin mitten im Trubel der Gesellschaft. Aber im innersten Herzen trage ich die Sehnsucht nach dem wohltuend ruhigen Leben in Weimar ... Ich komme hier zu nichts anderem als zu deutscher Lektüre mit Schlegel, der die Stelle meines Lehrers übernommen hat. Übersetzungen, Studien, nur das bei vier Einladungen täglich ... Sagen Sie mir, daß Sie mich noch lieben und daß Sie mein Leben mit Ihren Wünschen begleiten und mit Ihrer Freundschaft beschirmen. Ich habe Ihrer »reizenden Herzogin« (Anna Amalia), wie Sie sie nennen, geschrieben; und unsere Freundin, Frl. von Göchhausen, hat dreimal Nachricht von mir bekommen, mit dem ausdrücklichen Auftrag, Ihnen von mir zu sprechen ...

An Necker, dem sie tief entrüstet über den »korsischen Tyrannen« wegen der Erschießung des Herzogs von Enghien in Vincennes schreibt

Berlin, den 3. April 1804

Ach, lieber Freund, welch Stein liegt mir auf dem Herzen! Muß es denn sein, daß ich nicht mit Dir sprechen kann? Du kennst alle Einzelheiten über den Tod des Herzogs von Enghien. Du weißt alles, und unsere Herzen verstehen sich! Wenn die Bourbonen wiederkämen, würden sie mir zweifellos das kontinentale Europa als Aufenthalt untersagen: aber dies Schicksal ergreift mich: Fünf Stunden nach seiner Auslieferung, ohne offiziellen Verteidiger, ohne Geistlichen, völlig vom Transport erschöpft, daß er bei seinem Verhör einschlief, nur gezwungen, seinem Henker Uhr und Ring zu übergeben, um sie seiner ihm heimlich angetrauen Frau, der Prinzessin von Rohan, zukommen zu lassen! Ach, das Menschengeschlecht ist grausam, und Dein reines, himmlisches Bild, mein Gott, vermag kaum unsern unsterblichen Hoffnungen noch einen Halt zu geben! Nein, man darf sich in dieser Zeit nicht regen, man muß tot sein; höchstens für zwei oder drei Menschen darf man leben. Habe ich nicht recht, wenn ich das sage? Ich habe mich hier, so viel ich konnte, für des Herzogs Leben eingesetzt. Ich wollte, meine Zeit hier wäre zu Ende! Wenn ich nicht Abschied von der preußischen Königin nehmen müßte, würde ich sie abkürzen …

Am 18. April erhielt Frau von Staël, ganz unvorbereitet, die Nachricht vom Tode ihres Vaters, der am 10. April verschieden war. An die Herzogin Luise von Sachsen-Weimar

Weimar, den 1. Mai 1804.

Ich reise ab, ich verlasse Weimar, wo mein Erdenglück durch die Nachricht vom Tode meines Vaters gescheitert ist. Ich bewahre Ihnen die liebevollste und ehrerbietigste Dankbarkeit! Erwache ich je zu neuem Leben, so komme ich wieder zu Ihnen! Aber jetzt furcht jeder Tag den Schmerz tiefer in mich hinein. Irgendwann werde ich selbst einmal an ihm sterben müssen …

Anmerkung: Die Briefe sind zitiert nach Alfred Götze »Ein fremder Gast. Frau von Staël in Deutschland 1803–1804«, Jena 1928, und Christopher Herold »Madame de Staël – Dichterin und Geliebte«, München 1820.

4.

Preußens fast vergessene Athene

Caroline von Humboldt, geb. von Dacheröden

10. Caroline von Humboldt, geb. von Dacheröden, gemalt von Gottlieb Schick

Eure blauäugichte Athene«, so unterschrieb Caroline Schlegel einen Brief an ihren Mann August Wilhelm, der in Berlin Vorträge über die von ihm ins Leben gerufene Romantische Bewegung hielt. An Carolines Tisch in Jena hatten 1798 die Schlegelschen »Götterbuben« das »Athenäum« gegründet. Es war – nach der Französischen Revolution – die Zeit der Rückbesinnung auf die griechisch-römische-Antike. So wie Athene dem göttlichen Dulder Odysseus half, die Heimat wiederzufinden, so wollte die neue Zeitschrift die verwirrte Generation zurückführen zu den – im Pariser Blutbad ertränkten – Menschenrechten, wie sie die antiken Philosophen und Künstler in Worten und Gestalten ausgedrückt hatten.
Auch Schiller hatte wenige Jahre zuvor (1794) seine »Horen« nach den griechischen Göttinnen der Vernunft, Sitte und Ordnung benannt. Für sie hatte er die Jungvermählten Wilhelm und Caroline von Humboldt begeistert, so daß sie nach zwei Ehejahren – ausgefüllt mit dem Studium der Natur und der klassischen Sprachen – das Gut Auleben verließen, um nach Jena zu ziehen. Das »Dreigestirn Goethe – Schiller – Humboldt«, zu dem sich die bedeutendsten Köpfe der Universitätsstadt gesellten, versuchte nun gemeinsam Kunst und Leben der Deutschen auszurichten an Maß und Gestalt der Griechen.

Beide Kreise, der um Caroline Schlegel wie der um Caroline von Humboldt, bekamen also in der schöpferischen Zone von Jena – Weimar Impuls und Richtung zu ihrer Mission. Beide sahen den Weg in Goethes Ringen, die Pole Verstand und Gefühl, Natur und Geist immer von neuem auszugleichen. Doch während Caroline Schlegel nicht verhindern konnte, daß »ihre Romantiker« sich von dieser »klassischen« Linie Goethes entfernten, gelang es Frau von Humboldt, die eigene Gefühlsfülle zu bändigen und ihr Werk als »preußische Athene« zu vollenden.

»So viel Mühe kostet es, mich in den Gang des gemeinen Lebens zu fügen, da mein Herz unbändig ist in seinen Wünschen und unersättlich im Genuß von Liebe und Freundschaft«, schrieb sie noch 1791 an den Verlobten. Diesen »sprühenden, alles verschlingen-wollenden Geist« und der Halbwüchsigen »verdorbenes Wesen«, wie sie selber es bezeichnete, konnte dann der vorzügliche Moralphilosoph und Pädagoge Zacharias Becker so lenken, daß sie über die engherzigen Lehren der französischen Erzieherin schnell hinauswuchs und frühzeitig ihren eigenen Stil fand.

Als sie dann, siebzehnjährig, mit den befreundeten Schwestern von Lengefeld an dem geistig und künstlerisch maßgebenden Erfurter Hof des Freiherrn von Dalberg – einem entfernten Verwandten ihres Vaters – eine bevorzugte Rolle spielen durfte, entfaltete sie sich bald zu jenem »einmaligen Geschöpf, dessen durchdringenden, fast männlichen Verstand« Schiller nicht genug rühmen konnte.

Wilhelm von Humboldt war der zweiundzwanzigjährigen Caroline von Dacheröden auf deren väterlichem Gut Burgörner in Thüringen begegnet, wo er im Auftrage des »Tugendbundes« weilte. Tugend – nach dem lateinischen »Virtus« = Tauglichkeit – bedeutete im revolutionären Sprachstil »tauglich« für alles freiheitliche Denken und Tun zu sein und hier: für »die moralische Bildung wie die Beglückung durch Liebe«, wie es in den Satzungen des Ordens hieß.

Wilhelm hatte – wie Caroline die Mutter – seinen geliebten Vater früh verloren. Dem damals Zwölfjährigen unterdrückten dann die von der Mutter bestellten Erzieher »jede freie Äußerung des Charakters«, so daß sein »Inneres sich schließlich ganz ausgetrocknet fühlte«, was ihn in den Kreis des »Tugendbundes« der Henriette Hertz und der Töchter des Philosophen Mendelssohn getrieben hatte.

Nun aber würde Li, wie er seine Verlobte bald nannte, »dies Innere, das ja nicht zum Hinschütten in breit auslaufende Fluten geschaffen war, sondern nur verhalten und sparsam gleich den Farben der märkischen Landschaft glühte«, wie Gertrud Bäumer schrieb, »mit der Wärme ihres weitgespannten Gefühls durchpulsen und so alle Knospen, die so kalt und tot in ihm lagen, zum Blühen bringen.« So hatte er es sie wissen lassen, damals, und selbst noch im dritten Jahr ihrer Ehe – 1794 – als er für Schillers »Horen« »Über die männliche und weibliche Natur« und »Über den Geschlechtsunterschied« schrieb. Seinen Satz »Beide Geschlechter können nur gemeinsam das Bild des Menschen schaffen«, hat er ihr gewiß mit der Sage aus Platons »Gastmahl«, das sie gemeinsam griechisch lasen, ergänzt: »Am Anfang waren Mann und Frau ein Leib und so vollkommen, daß die eifersüchtigen Götter sie in zwei unvollkommene Hälften teilten. Was nicht nur bedeutet, daß sich seitdem die beiden Hälften – Mann und Frau – suchen, sondern auch: falls sie sich finden, sie wieder stärker sind als die Götter, als das Schicksal also ...« Und er mochte hier die bezaubernde Liebeserklärung hinzugesetzt haben: »Daß ich eins bin in mir, daß ich bin, wozu ich Anlage habe zu sein, daß ich Wahrheit sehe, daß ich harmonische Schönheit empfinde, das ist dein, einzig dein Werk! Und mein, einzig mein Werk ist es, daß auch du bist, was du sein solltest.«

Doch dann – nach zwei Jahren der glücklichsten Gemeinschaft in Jena – wurde diese für die jungen Eheleute so wichtige Epoche unterbrochen durch die Krankheit der Frau von Humboldt in Berlin, die nach der Familie ihres älteren Sohnes verlangte.

Über ein Jahr zog sich dieser Aufenthalt hin, so daß Caroline die preußische Hauptstadt und die Häuser, darin die heranwachsenden Humboldt-Söhne verkehrt hatten, gründlich kennenlernte.

Doch während die siebzehn- und achtzehnjährigen jungen Männer in dem Salon der Henriette Hertz und später dem der Rahel Levin das freie Sich-Geben, Reden, Zuhören, Diskutieren wie das Sich-Lieben und Lieben-lassen beglückt, ja geradezu berauscht erlebt hatten, mochte die jetzt dreißigjährige Caroline diese berlinisch-kecke Art, die so ganz anders als der Ton am Erfurter Hof war, ein wenig befremden. Obgleich ja hier nicht nur Künstler und Gelehrte, sondern auch

Geistliche – der junge Schleiermacher gehörte zu Rahels Gästen – wie noch andere fortschrittlich gesinnte Adlige verkehrten; sogar der preußische Prinz Louis Ferdinand führte in Rahels Dachstübchen gern seine Kompositionen vor. Und alle rangen auf ihre Weise um die Zukunft und hielten das für ebenso notwendig wie »modern«, was wiederum die Dacherödentochter aus Thüringen – an Rousseau geschult –, vielleicht mehr als ihr gut tat, anzog.
So konnte es geschehen, daß sie der Werbung eines der engsten Freunde (oder Liebhaber?) der Rahel, des charmanten, sechs Jahre jüngeren Gutsbesitzersohnes Burgsdorff verfiel, der ein Jugendkamerad ihres Mannes gewesen war, was... ihre Aufmerksamkeit geschwächt haben mochte.
Jedenfalls fühlte sie, die an Lotte Schiller einst schrieb, wie unaussprechlich glücklich sie mit Wilhelm lebe (dem sie inzwischen drei ersehnte Kinder geboren hatte), eine Leidenschaft für Burgsdorff, wie sie es nie geahnt, gekannt, erfahren hatte.
Ihre Briefe an die alles verstehende, alles verzeihende Rahel zeigen es: »Meine liebe Kleine, bewahren Sie es tief in ihrem Innern, wie ich ihn liebe, wie ich (mich) ihm verbunden fühle mit dem Besten in mir, mit dem unendlichen, unbegrenzten Gefühl...«
Und dies Gefühl währte nicht nur bis zum Tode der Schwiegermutter, sondern selbst noch auf der Fahrt nach Wien und Paris, welche die ganze Familie mit drei Kindern, Kinderfrau, Diener und... Burgsdorff sowie den Bruder und Schwager Alexander vereinte. Gemeinsam fuhren sie in dafür extra gebauten Reisewagen,

denn den Humboldtsöhnen war nach dem Tode der Großmutter – 1797 – ein reicheres Erbe zugeflossen als geahnt.
In dem Paris des langsam an die Macht gelangenden Napoleon muß dann die Leidenschaft der beiden ihren Höhepunkt erreicht haben. Als Caroline zu einem Kuraufenthalt in das nahe St. Cloud fuhr, folgte ihr Burgsdorff. Wir wissen aus Briefen, daß er nach einiger Zeit von dort in die Pyrenäen ging und nicht, wie versprochen, rechtzeitig zurückkehrte. Was Caroline so tief traf, daß sie schließlich begriff, erwachte und unter »größten Schmerzen« sich von ihm losriß.
Humboldt, der sein eigenes Wort von »der wahren Liebe, die immer mit der höchsten Freiheit gegattet sein müsse«, voll verwirklichte, half ihr in taktvollster Weise, sich und damit zu ihm zurückzufinden. Die lang geplante Reise nach Spanien, die er dann mit ihr, den drei Kindern, Kinderfrau und Diener antrat, führte sie durch ebenso viele Schönheiten wie Strapazen, über Wege zum Beispiel, die sie nur auf Mauleseln reitend überwinden konnten. Dabei hatte jeder von ihnen ein Kind vor oder hinter sich sitzen, während der sechsjährige Sohn schon allein ritt.
Dies alles überstand Caroline – zum vierten Mal schwanger – ohne Klagen, ja, wie stets »begeistert und begierig nach allem Neuen, Schönen«, das sie vor allem in Madrid in den königlichen Schlössern fanden, von denen sie Goethe ausführlich berichtete, der dann sogar Teile aus ihren Briefen veröffentlichte.
Nach Paris zurückgekehrt, versammelten sich bald in ihrem Salon die bedeutendsten deutschen und französi-

schen Künstler und Wissenschaftler. Und diese wachsende Beliebtheit ihrer Teenachmittage ließ sie vollends zum Bewußtsein der eigenen inneren Kräfte kommen. Nun genügte es ihr nicht mehr, nur »glücklich um die Glücklichen zu kreisen«, vielmehr galt es, »alles Menschliche zu erschöpfen und so unser Schicksal zu vollenden.«

Madame de Staël, die »erste Frau Europas«, »zwar eine schlechte Ehefrau und Mutter, aber eine sehr treue und eifrige Freundin«, wie Humboldt meinte, von der er »unendliche Aufschlüsse über die französische Sprache und Kultur empfing«, sie wurde nun die kongeniale Freundin! Mit ihr und dem geistreichen Benjamin Constant diskutierte sie natürlich auch um die »égalité des droits«, also die Gleichberechtigung, welche die Französische Revolution den Frauen ebenso wie den Juden gebracht hatte. (Was gewiß die Aktivität beider, die neue Zeit mitzugestalten, erklärt!)

Diese und all die andern politisch-gesellschaftlichen und künstlerischen Probleme wurden hier – im nachrevolutionären Paris – hautnäher und doch eleganter als in Berlin diskutiert, wobei die künstlerischen Fragen ein besonderes Anliegen der Hausfrau waren. Sie besuchte fast täglich die Pariser Museen, worin immer neue, von Napoleon »eroberte« Kunstwerke auftauchten. Wilhelm drang indessen mit seinen »Physiognomischen Fragmenten« in die Psychologie der Völker und Menschen ein, und seine Gedanken in der Schrift »Über die Grenzen der Wirksamkeit des Staates« ließen alle politisch Interessierten (und wer war das damals nicht?) aufhorchen. Seine Vorstellung, daß Staat und

Gesellschaft die Persönlichkeit eher bedrohten, weil »Persönlichkeit sich nur in Freiheit und Einsamkeit entwickeln« könne, faszinierte ebenso wie Bruder Alexanders südamerikanische Reisen, über die er in Carolines Salon mit so viel Wissen, Charme und Elan berichtete.

Dies alles hatte den Namen Humboldt bekannt gemacht, so daß der preußische König angeregt wurde, Humboldt zum preußischen Gesandten am Heiligen Stuhl in Rom zu berufen. Für Wilhelm und Li die schönste Erfüllung ihrer Sehnsüchte, die seit den »klassischen« Jenaer Jahren in ihnen lebten.

Am 25. November 1802 zogen sie in Rom ein. Die dänische Schriftstellerin Friederike Brun, die der Familie Humboldt in lebenslanger Freundschaft verbunden blieb, half ihnen, sich in der Villa di Malta einzurichten. Das gelang beiden Humboldts trotz Teuerung und Elend im Kirchenstaat schneller als gedacht, denn die vielen noch vorhandenen Kunstwerke aus vergangenen Jahrhunderten und die südliche Landschaft bezauberten sie von Tag zu Tag mehr.

Als sie dann den herrlichen Palazzo Tomasi – nahe der Spanischen Treppe – bezogen und Caroline die deutschen Künstler einladen und von der neuen Epoche deutscher Kunst, die sie in Jena-Weimar miterlebt, erzählen konnte, fühlte sie sich ausgefüllt und glücklich wie nie zuvor. Denn diese Künstler, die sich während der europäischen Kriegswirren in Rom zusammengefunden hatten, wo sie »die Ateliers ebenso wie Brot und Wein untereinander teilten – sofern etwas davon vorhanden war«, brauchten ihre

Hilfe – bis zu den Holzstößen für ihre kalten Unterkünfte.

Aus diesem für Caroline so beglückenden Tun riß sie völlig unerwartet der Tod des begabtesten ihrer Kinder. Der neunjährige Sohn Wilhelm starb binnen drei Tagen und raubte der Mutter »mit einem Schlag alle Sicherheit des Lebens«, wie sie Lotte Schiller verzweifelt schrieb. Und als sei sie mit diesem – auch für Wilhelm – »unersetzlichen Verlust« noch nicht genug getroffen, erkrankte auch der zweite Sohn, Theodor, an dem gleichen römischen Sumpffieber. Ihn vermochte zwar der junge deutsche Arzt Dr. Kohlrausch zu retten, aber das Kind blieb elend, so daß man den Eltern eine sofortige Luftveränderung vorschlug.

So machte sich Caroline, obgleich wieder schwanger, mit dem Kranken, seinem Arzt und der ältesten Tochter Caroline (die beiden jüngeren blieben bei Wilhelm) nach Thüringen auf, und die heimatliche Luft bekam dem Knaben so gut, daß sie mit ihm bald nach Paris weiterreisen konnte. Dort erwartete sie unter den andern Freunden »der geliebte Graf Schlabrendorf«, einstiger Reisebegleiter des Freiherrn vom Stein und Mitkämpfer für Freiheit und Liberalismus. Dieser »Unerschütterliche« war sogar während der Revolution in Paris geblieben, wo er zu zweieinhalb Jahren Kerker und schließlich zum Tode verurteilt, aber unerwartet gerettet wurde. Sein Stoizismus, seine Hilfsbereitschaft und Güte, jene »energeia«, die Grundkraft des Lebens, die dem »Mönch Wilhelm bei aller Weltmännigkeit abging«, wie Varnhagen einmal schrieb, ließ ihn alle Wechselfälle des Schicksals ertragen.

Dieser »teure, ersehnte Freund«, der täglich bei ihr weilte, wie sie ihrem Mann berichtete, stand ihr dann auch bei der Geburt und Taufe der kleinen Tochter Luise zur Seite, vor allem aber bei dem Tode auch dieses Kindes drei Monate danach.
Ende 1804 nach der Krönung Napoleons, die sich Caroline nicht entgehen lassen wollte, hatte sie sich nach Italien aufgemacht – trotz der winterlichen Gefahren bei der Überquerung des vereisten Mont Cenis.
Und als sie endlich im Januar 1805 in Rom landete, versammelte sich bald wieder die Schar junger Künstler um ihren Tisch, ergänzt nun durch Archäologen und Altertumsforscher; denn Napoleon, der ja auch Italien besetzt hatte, unterstützte die römischen Ausgrabungen. So standen im Mittelpunkt der Gespräche neben dem Schaffen der Künstler die antike Welt, ihre gestaltenreiche Mythologie sowie die Gedankengebäude und Gesetze kosmischer Ordnungen, wie sie Pythagoras und Platon über die Harmonie des Weltalls aufgestellt hatten; ergänzt durch Humboldts Gedanken aus der »nie mehr erreichten antiken Welt«, welche die Grundlage für das künftige europäische Denken und Schaffen sein müsse. Und Caroline ergänzte seine Ideen mit ihrer Ausstrahlung, ihrer immer bereiten Anteilnahme und materiellen Hilfe, womit sie den oft Verzweifelten Mut und Kraft schenkte, weiter um die neue Kunst zu ringen und damit der Nur-Nachahmung der klassischen Künste, wie aller Ausuferung und Überschwänglichkeit zu entrinnen.
Denn die von den Schlegels gegründete »Romantische Schule« entfernte sich nun immer mehr von Goethes

klassischer Haltung; immer häufiger verfielen ihre Anhänger in jene »Orgie der Gedanken und Gefühle«, welche Caroline Schlegel an des jungen Brentanos »verwildertem« Roman »Godwin« gerade beklagt hatte. Jene Goethisch-Humboldtsche These, daß echte »Kunst im Sichtbaren das Unsichtbare, Göttliche, und das Schreckliche von Hölle, Qual, Elend – verwandelt in Harmonie – künden muß«, war von vielen vergessen. Hölle, Qual, Elend wurden nun – wie in allen Zeiten des Verfalls und Übergangs – ohne Schönheit und das Schöne ohne den tiefen Grund der Hölle dargestellt.
So schien es immer notwendiger, jetzt »da Frankreich sich anschickte, den europäischen Kontinent zu beherrschen, England zielbewußt sein überseeisches Weltreich aufbaute« (Scurla), den Deutschen, vor allem ihren Künstlern und Gelehrten, die Richtung zu zeigen, in der sie zu sich selber kommen konnten. Und Humboldts Neuhumanismus, der griechisch-römischen Antike nachgeformt, wollte eine harmonische Ausbildung der Gemüts- und Geistesanlagen des Menschen erreichen, dem als politisches Ziel der »demokratische Patriot« entsprach, der nicht Untertan, sondern mitverantwortlicher Staatsbürger war. Ihm würde es gelingen, »die Eigenart des Alten mit dem Neuen in einer einzigartigen Form zu verbinden«; denn »die deutsche Geschmeidigkeit, sich fremden Eigentümlichkeiten anzupassen, prädestiniert Deutschland geradezu, die Brücke zwischen der antiken und der modernen Welt zu werden«.
Caroline aber, die dunkelhaarige und blauäugige Frau aus Deutschlands Mitte, (mütterlicherseits von franzö-

sischen Vorfahren stammend), sie, die mit dem großgeschnittenen Oval des Gesichts, der geraden Nase und den ausdrucksvollen Augen, deren »strahlender Glanz« Schiller »manchmal blendete«, wurde nun wirklich für Wilhelm und sein römisches Haus »die Verkörperung dieses kommenden Menschen der klassischen Linie«, die sich »später in allen Gebärden der Zeit, vor allem aber in der Gestaltung der Heimatstadt ihres Mannes manifestierte«, wie Gertrud Bäumer in ihrem »Bildnis der Liebenden« schreibt. Also in Berlin, wo Caroline einst jenes »Aus-sich-selber-fallen« erlebt hatte, was ihr vielleicht nur an diesem so unfertigen, erregenden Ort geschehen konnte.

»Ein jungfräuliches Land« hatte Fontane noch Ende des Jahrhunderts die Mark Brandenburg genannt. Und ähnlich hatte ihr der junge Karl Friedrich Schinkel auf seiner ersten Italienreise seine preußische Heimat geschildert. In ihr wirke noch etwas vom Geist jener Stiftung, dem Schwarzen Adlerorden auf weißem Grund, dessen Signum »Jedem das Seine« den König und seine Untertanen zur Toleranz verpflichtete. Durch dieses »suum cuique«, das »ein geordnetes Verhältnis zwischen Pflichten und Rechten im Staat ermöglicht«, hatten die vielen tausend nach Preußen geflüchteten Juden, Franzosen, Holländer, Salzburger, die seit dem Großen Kurfürsten die leeren preußischen Landgebiete besiedelten, sich hier »zu Hause« zu fühlen vermocht. Denn wahre Toleranz bedeutet, jeden auf seine Art zu akzeptieren, ihm zu geben oder zu lassen, was er zu seiner Entwicklung braucht. Das alles tat man in Preußen! Weswegen es gewiß unfair ist, die preußische

Toleranz nur als »Kalkül« abzuwerten, wie es in der Berliner Preußen-Ausstellung leider geschah.
Natürlich wußte der Märker Schinkel, daß außer solcher Toleranz vor allem das Sichtbare den Menschen prägt: das Haus, der Raum, der sein Leben umschließt, beschirmt und durch seine Proportionen prägt. So mochte dem jungen Baumeister bewußt geworden sein, daß Berlin jenes Beschwingende, Heitere – das Menschliche – fehle, das sich der Ordnung, der Pflichterfüllung hinzugesellen muß, um ein Volk, wie einen Menschen davor zu bewahren, unverhofft einer zerstörenden Leidenschaft zu verfallen.
In Rom also fand Schinkel, der sich in Italien fast nur mehr als Landschaftsmaler betätigt hatte, zu seinem Beruf als Baumeister zurück.
Und als der König, aus Ostpreußen heimgekehrt, das Berliner Schloß aufbauen wollte, wandte Schinkel sich an Wilhelm von Humboldt, daß er ihn bei Friedrich Wilhelm III. empfehle. Was Wilhelm sogleich und auf solche Weise tat, daß sich zwischen König und Architekt ein Vertrauensverhältnis anbahnte, das lebenslang währte und das den Neuruppiner zum Leiter des Bauwesens für Berlin und für ganz Preußen werden ließ.
Wobei er »aufopferungsvoll und integer im Humboldtschen Sinne« (Scheffler) »mit der ihm eigenen Mischung von Talent und Gesinnung, von Gestaltungskraft und Theorie«, die »baukünstlerisch unterentwickelte Residenz in eine Stadt der Schönheit umgestaltete«, wie Fontane später schrieb. Und dies gelang Schinkel vorzüglich in Gemeinschaft mit jenen

Malern und Bildhauern, die er aus dem römischen Hause der Humboldts kannte.

So mit Christian Rauch; er war durch ein Stipendium der Königin Luise, die er einst als Kammerdiener zu betreuen hatte, nach Rom gekommen. Dieser begabte, liebenswürdige Mann wurde der unentbehrliche Begleiter Carolines auf ihren Kunstfahrten durch das Land.

Sodann der Italiener Canova, der Däne Thorwaldsen, die Söhne des alten Schadow, der früh verstorbene Maler Schick, der Bildhauer Tieck, die Brüder Riepenhausen, Angelika Kaufmann, Emil Wolf... ein gleichsam internationales, d.h. europäisches »Team«, mit dessen Hilfe es Schinkel gelang, »Berlin durch eine charaktervolle Uniformität zu einer Stadt-Individualität werden zu lassen. Wobei der Klassizismus«, wie Diwald in seinem Humboldt-Aufsatz nachweist, »nirgends eine so charaktervolle Ausbildung erfuhr wie in Berlin«. So daß man sagen kann: An diesem Stil haben die Humboldts den auslösenden und den ihn ausbreitenden Anteil!

Denn im Palais des Gesandten verkehrten schließlich nicht nur Künstler und Wissenschaftler, sondern auch die immer neu anreisenden Besucher Italiens, die den klassizistischen Gedanken aufnahmen und weitertrugen:

So Lucien Bonaparte, Chateaubriand, August Wilhelm Schlegel (der nun mit Madame de Staël reiste), sowie der Erbprinz von Mecklenburg-Strelitz, Bruder der Königin Luise, und vor allem der Kronprinz und spätere König Ludwig von Bayern, Schüler von Schelling und

Schöpfer des klassizistischen München, den besonders Caroline für den neuen Stil begeistert hatte. »Ich konnte«, so erzählte der spätere König, »in Rom nicht ruhig zu Bett gehen, ehe ich nicht bei Frau von Humboldt wie in einem Spiegel alles wieder erblickt hatte, was ich den Tag über sah und genoß.«

Während all der Jahre betreute Frau von Humboldt – von Jugend an lungenkrank – außer Künstlern und Besuchern – natürlich auch die ihr verbliebenen fünf Kinder, von denen ihr noch der zweijährige Gustav starb. Ihn hatte sie 1803, wie sie ebenfalls Lotte Schiller anvertraute, »mit einer wahren Andacht wie ein Pfand der Versöhnung und des Glücks empfangen.«

Da Wilhelm und Li während ihrer Jugend unter mangelnder Liebe gelitten hatten, erzog und lehrte sie in den ersten Jahren vor allem die Töchter selber und war dann bei der Auswahl der Hauslehrer so umsichtig, daß diese nicht nur zu Freunden der Kinder, sondern des ganzen Hauses wurden. Natürlich steigerte sich auch manchmal die Verehrung für die Mutter zur Liebe – wie bei dem jungen Friedrich Wilhelm Riemer. Aber ein Hölderlin-Drama vermochten die Humboldts zu verhindern: Wilhelm empfahl diesen Kenner der alten Sprache Goethe. Als Lehrer des Sohnes sublimierte dieser Dichter dann seine Leidenschaft zu Caroline im Werk und Leben Goethes.

In Rom gelang es, vor allem die Mädchen zu jenen aufgeschlossenen freien »klassischen« Menschen zu erziehen, die beide Eltern für das ganze Volk ersehnten. Dazu gehörte die Kenntnis der klassischen Sprachen – die erst zwölfjährige Älteste las die »Ilias« bereits im

Urtext – und die der griechischen Mythologie. Bezeichnend dafür die lustige Antwort einer der Töchter, als jemand den Vater als besonders wohl aussehend ansprach: »Die Göttin Athene hat ihn größer und ansehnlicher gemacht!«

Auch der Umgang mit den Künstlern, der ständige Aufenthalt in den Ateliers der Maler und Bildhauer, wo sie zeichnen und malen lernten, ergänzte fast spielerisch den von Caroline aufgestellten Unterrichtsplan, von dem Humboldt sagte, »kein Gymnasium in ganz Preußen habe ihm einen besseren Lektionsentwurf vorgelegt.«

Am meisten begeisterte die Kinder aber, wenn sie selber porträtiert wurden! 1804 malte Gottlieb Schick das bekannte Doppelporträt von Caroline und Sohn Theodor, danach entstand das Bild der ältesten Tochter Caroline; ein besonders sensibles Geschöpf, das – oft kränkelnd – unverheiratet blieb und die Stütze der Mutter in der Führung des großen Haushaltes wurde. Nach deren Tod 1829 betreute und pflegte sie den Vater bis zu dessen Ende sechs Jahre später. Bald darauf mußte man auch sie im Tegeler Park auf der von Schinkel gestalteten Grabstätte unter Thorwaldsens Figur der »Hoffnung« beisetzen. Diese Schöpfung eines christlichen Urvertrauens hatte die Mutter Caroline in ihren letzten Lebensjahren besonders geliebt. – Ihr eigenes Porträt als »Schöne Römerin« stammt ebenfalls von Schick, auch das der siebenjährigen Tochter Adelheid und der zwei Jahre jüngeren Schwester Gabriele, der späteren Frau von Bülow, beide in fließende, antikisierende Gewänder gehüllt.

Das bezaubernde Standbild der vierzehnjährigen Adelheid als »Psyche« aber gestaltete Christian Rauch. Diese klassizistische Schöpfung vor allem atmet eine Anmut, der noch nichts von dem »Bravsein« der Kinderbildnisse des Biedermeiers anhaftet. »Brave Innerlichkeit«, in sie hatte sich – nach Metternichs Karlsbader Beschlüssen – der von Humboldt ersehnte »selbstverantwortliche Bürger« zurückzuziehen, nachdem ihm »bei Strafe« alle Freiheiten verboten waren, welche die preußischen Reformer für ihn erreicht hatten.
Und dies drängt uns heute die Frage auf, was wohl aus Preußen, was aus Deutschland, ja Europa geworden wäre, wenn der Geist der großen Persönlichkeiten jener Zeit sich durchgesetzt hätte gegenüber jenen, die – aus Sorge vor einer preußischen Revolution – Männer wie einen vom Stein, einen Wilhelm von Humboldt verabschiedeten?!
Der beglückende Umgang mit den Kindern und den Künstlern half den Humboldts ein wenig auch über das hinweg, was 1806 »zu Hause« geschah, nachdem Preußen in wenigen Tagen von Napoleons Heeren bezwungen worden war. Napoleon, von dem man sich so sehr die Verwirklichung der Menschenrechte erhofft hatte, nahm bekanntlich – oder nicht mehr bekannt – dem besiegten Land die Hälfte seines Gebiets und verpflichtete es – ähnlich wie im Versailler Vertrag – zu Kontributionen, die das vom Krieg verwüstete Preußen niemals hätte aufbringen können. Dies alles hatte die anfängliche Begeisterung für den Korsen ins Gegenteil verwandelt. Als ein »Allesverschlinger« erschien er den Deutschen nun, die in ihrer Verzweiflung bereit waren,

sich völlig aufzugeben. So daß Wilhelm seine berühmte »Geschichte des Verfalls und Untergangs der griechischen Freistaaten« als ein »Mahnmal für das zusammengebrochene Deutschland« schrieb, darin er die Gebrochenen aufrief, sich bewußt zu sein, daß »eine Nation, für die der Name des Vaterlandes seine Bedeutung verloren, die ihre Unabhängigkeit mit irgendeinem Opfer zu teuer erkauft glaubt«, daß solche Nation »auch unfähig wird, wahrhaft große Männer hervorzubringen.«

Gelang es diesem Aufruf, der Caroline begeisterte, daß Friedrich Wilhelm III. sich endlich bereitfand, wenigstens Pläne für Reformen ausarbeiten zu lassen, die längst vorgeschlagen waren? Jedenfalls veranlaßten Stein, Scharnhorst und Hardenberg den König, Wilhelm von Humboldt zu berufen, daß er die in Preußen vernachlässigte Ausbildung der gesamten Jugend überdenke und einen Bildungsplan von der kleinsten Schule bis zum Gymnasium und zur Universität entwerfe.

Und Humboldt, der sich nur schwer von Rom und seiner Familie trennte, reiste nach Berlin und bald danach weiter nach Königsberg, wohin die königliche Familie geflüchtet war, und erlebte dort ein beglückendes gemeinsames Schaffen mit jenen Persönlichkeiten, wie sie ein Land, das sich nicht aufgibt, in Notzeiten hervorbringt; er erlebte die Königin, die sich seiner Reformideen besonders annahm; erlebte auch das von Wäldern und Meer umgebene Land, das so schwermütig und so anders war als das im fernen Süden, wo Caroline und seine Kinder weilten. Schließlich erfuhr nun auch er hier das Erlebnis der absoluten physischen

Hingabe einer Frau, der er in seinen späten Sonetten – nach Carolines Tod – noch gedachte.
Doch warf offenbar auch dies Verhältnis keinen Schatten auf die Beziehung zu Caroline, wie seine Briefe aus der Zeit beweisen, als sie in Rom ihr siebentes und letztes Kind zur Welt brachte: »Daß Du einen Jungen hast, ist mir sehr lieb. Ich habe zwar die kleinen Mädchen unendlich gern«, so schreibt er launig am 9. Juni 1809, »aber nun sind die beiden von unseren zwei Jungens ordentlich eingefaßt. Ach! Möge uns der liebliche Knabe diesmal gedeihen!« Und wenig später, an ihrem 19. Hochzeitstag: »Keinen sehe ich so gern wiederkehren wie diesen.« Um schließlich zu wiederholen, was er als Verliebter einst, poetischer nur, ausdrückte: »Dieser Tag hat mein höchstes Glück begründet.«
Offenbar konnte nichts die Verbundenheit, deren sie sich immer wieder versicherten, gefährden. Ja, es scheint, als würde jedes der auswärtigen Erlebnisse, die einen von ihnen reifer machten (oder nur halfen, über das lange Getrenntsein hinwegzukommen) auch den Partner bereichern. Immerhin lebte das Gesandten-Ehepaar in den fast 40 Jahren ihrer Ehe über zehn voneinander getrennt! Schon aus diesem Grunde mußte das Vertrauen in des andern Liebe, Wert, Verständnis, Toleranz das Fundament ihrer Verbindung sein.
Beiden war, wie Caroline es während ihrer Brautzeit ausdrückte, »nichts so heilig im Zusammenleben, als die Individualitäten eines jeden Charakters in einem so engen Verhältnis wie der Ehe ausgedrückt zu sehen« (Erfurt, 14.4.1790). Und Wilhelm zur gleichen Zeit:

»In dieser Freiheit muß sich die Seele ohne Fesseln emporheben, muß sie die ganze ungeschwächte Stärke erhalten, die tausend hemmende Fesseln ihr rauben würden!«
Welch ein »modernes« Bekenntnis, das freilich, wie wohl alle Reformvorschläge Humboldts, vielleicht nur ganz zu verwirklichen ist in »einer Gesellschaft von lauter Humboldts«, wie ein englischer Historiker Humboldts Staatsidee einmal scherzend kommentierte. Und Diwald, der den Satz zitiert, setzt hinzu: »Seine größten Leistungen hat der Liberalismus nur darum zustande gebracht, weil er Humboldts enthusiastischem Irrtum vertraute«!
Immerhin ging Humboldt nach Friedrich Wilhelms III. Ausspruch, daß »Preußens physischer Verlust durch geistige Kräfte ersetzt werden« sollte, mit solch einem Elan an seine einmalige Aufgabe, daß die bedeutendsten Wissenschaftler aus ganz Deutschland seinem Ruf an die neu zu gründende Universität folgten, in der doch noch keineswegs ansehnlichen Hauptstadt Preußens.
Wie weit Caroline an diesem entscheidenden Werk ihres Mannes Anteil hatte, war bei der geistigen Gemeinschaft des Ehepaares, besonders in Fragen der Erziehung und Bildung, gewiß nicht gering. So darf man die Berliner Universität gleichsam das eine Bein nennen, auf dem Berlins geistig-kulturelle Bedeutung seitdem fußt, das andere die klassizistisch geprägte Gestalt der Stadt, an der Caroline – Athene gleich – mitgewirkt hat.

Trotz weltweiter Zustimmung aber gab der König (oder

Hardenberg?) nach der Konsolidierung Preußens, Humboldt nicht jene Kompetenzen, die er brauchte, um seine Ideen selbst zu verwirklichen. Man schickte ihn vielmehr als preußischen Gesandten nach Wien – nun mit dem Rang eines Ministers, den man ihm für seine Berliner Tätigkeit verweigert hatte.

Auch hier, wo Caroline sich »Im schmeckenden Wurm«, wie das von ihnen bewohnte Haus auf der Wiener Wollzeil hieß, durchaus nicht wohlfühlte, wo Metternich sie bitter enttäuschte, weil er dem genialen Vorschlag Wilhelms zu einer »Verfassung des Deutschen Bundes als einer lebendigen Einheit« – sooft mit ihr besprochen – nicht das geringste Verständnis entgegenbrachte ... hier gelang es ihr trotzdem, den Kontakt mit der wichtigsten Persönlichkeit am Wiener Hof aufrecht zu erhalten durch das Einverständnis, das sie mit dem politisch so konservativen Rheinländer Metternich über die moderne Kunst herbeiführte!

Bis Humboldt – nach Napoleons Niederlage in Rußland – endlich Österreichs Beistand erreichte gegen den ... Schwiegersohn des österreichischen Kaisers, zu dem Metternich Napoleon einst selber verholfen hatte.

Während der Befreiungskriege folgte Wilhelm – dem Hauptquartier zugeordnet – dem König auf alle militärischen Schauplätze, um dafür nach dem Sieg über Napoleon mit der Verleihung des Eisernen Kreuzes I. Klasse – von Schinkel entworfen – ausgezeichnet zu werden.

Caroline aber begann 1815, als der Wiener Kongreß mit der Flucht des Korsen aus Elba abbrach, den Wiener Haushalt aufzulösen. Inständig hoffte sie, Humboldt würde als Gesandter nach Paris berufen. Denn diese Frau des preußischen Gesandten liebte Rom und Paris und wünschte sich, in einer der beiden Städte zu leben. Dennoch vergaß sie niemals Preußen und seine Hauptstadt, für das sie jetzt leidenschaftlich wünschte, ihm möge es nun – als erster deutscher Staat – gelingen, seine Stellung in den neu gewonnenen Gebieten richtig auf- und auszubauen. So schreibt sie während ihrer Heimreise – erschüttert von dem »albernen Souveränitätswesen in den vielen kleinen deutschen Staaten« – dem nun in Frankfurt weilenden Gatten:

»Sollten die Rechte der Völker gegen ihre kleinen Tyrannen nicht in Schutz genommen werden, so bleibt es im Württembergischen, im Badischen und Darmstädtischen nicht ruhig; das Volk dort ist tief verbittert und hart bedrückt und dabei hat der letzte Krieg den Menschen doch überall laut gesagt, was sie vermögen. Den liberalen Geist der Zeit aufzuhalten, dazu ist keine Macht stark genug; die Geschichte gibt uns darüber Aufschlüsse. Aber die lesen wohl die Herren in Frankfurt nicht ...«

Und ihre Empörung über den rauschenden Empfang, den man dem aus Elba Entflohenen in Paris bereitete, war groß, wie ihr Brief vom 28. 3. 1815 zeigt: »Gestern abend bekamen wir die Nachricht vom Einzug Napoleons in Paris ... Ich kann Dir nicht genug sagen, wie es mich im Innern getroffen hat ... Jetzt müssen große, sehr konsequente Maßregeln getroffen werden. Ist man Österreichs ganz sicher? Bayerns? Die deutschen Völker sind mit Recht unzufrieden mit dem, was seit dem Frieden von Paris geschehen ist. Der nun kommende

11. Wilhelm von Humboldt

12. Friedrich Wilhelm III., König von Preußen

Krieg muß einen ganz anderen Charakter als der vorige zeigen ... Doch, verzeih, wenn ich Dir dies alles sage, der Du es tausendmal besser als ich weißt ...«

Die jüngere Nachwelt, die nicht mehr begreift, wie tief der Sturz, die Demütigung nach Napoleons Vernichtungskrieg in Preußen empfunden werden mußte, hat Caroline für jene Zeit einen »exaltierten Patriotismus« vorgeworfen, der sie sogar zeitweise von ihrem Gatten entfernt haben soll. Beides stimmt nicht, wenn man bei der Lektüre des Briefwechsels berücksichtigt, daß jedermann damals in Preußen das Gefühl hatte, daß »ein Weltgericht gehalten wird, nun, da die Festen aller Länder wanken«, wie sie es ausdrückte. Nachdem sich der von allen Deutschen so bewunderte Korse als Diktator und Usurpator entlarvt hatte, gab sie freilich ihrem Zorn auf diesen Mann, »mit dem kein Frieden, keine Unterhandlung, kein Waffenstillstand zu machen ist«, temperamentvoll Ausdruck. Ja, als Wilhelm nach dem abermaligen Sieg über den Korsen mit dem Thronfolger und Bruder Alexander (von dem man nun sagte, er sei berühmt wie Napoleon) in Paris einzog, vergaß sie nicht, dem Gatten auf die Seele zu binden, doch ja das »von Napoleon geraubte Kulturgut zurückzufordern, vor allem die Quadriga von Schadow auf dem Brandenburger Tor.«

Was Wilhelm dann auch – mit Feldmarschall Blüchers Hilfe – gelang.

Als dann Preußen nach dem endgültigen Sieg die rheinischen Gebiete zufielen, war ihr Hauptanliegen, »daß die gewonnenen Länder ja auch mit liberalem Geist beseelt würden!« Weshalb man »edle und gutgesinnte

Männer in Militär und Zivil dort etablieren« müsse, »um die Abneigung der noch nicht preußisch gewesenen Provinzen zu überwinden.« Diese »moralische Eroberung des Westens« beschäftigte sie so sehr, »daß man ihr anmerkt, wie gern sie selber an einer solchen Mission beteiligt gewesen wäre« und: »wie gut wäre sie dafür geeignet gewesen!«, setzt Gertrud Bäumer hinzu. Mit solcher Weite des Blicks, solch innerer Freiheit des geschichtlichen Urteils und der Bereitschaft zu opfervollen Entscheidungen – der fünfzehnjährige Sohn Theodor und der Schwiegersohn hatten sich, mit ihrem Einverständnis, freiwillig gemeldet – hat Caroline in den entscheidenden Jahren Preußens die Politik im Hintergrund zweifellos mit beeinflußt. Denn Wilhelm wünschte ihren Rat und verwendete ihn oft, ja versicherte ihr sogar einmal: »Ein Leitstern bist Du mir gewesen in allen widrigen Momenten meines Lebens.« Und er folgte diesem »Stern« auch, als er aus der halbherzigen Politik aussteigen wollte, die der von den Konservativen allzu bedrängte Hardenberg einschlug, Caroline es aber für Wilhelms »unerläßliche Pflicht« hielt, »sich Preußen in dieser schwierigen Zeit zu erhalten.« Wobei sie, wie stets nach solchen Ratschlägen, auch diesmal hinzusetzte: »Nötigen Dich aber, teurer Wilhelm, die Umstände zurückzutreten, so hat es für mich nur das Schmerzliche, Dich für Preußen verloren zu denken. Sonst aber weißt Du wohl, daß mich das Aufgeben von Bequemlichkeiten ... keine harten Kämpfe kostet.« Damit meinte sie den Verzicht auf seine Bezüge: denn die eigenen Einnahmen floßen jetzt weder aus ihren väterlichen Gütern noch aus Tegel, die

beide von der französischen Soldateska mehrfach zerstört und geplündert worden waren.
Als Wilhelm allerdings die von ihr besprochene »unerläßliche Pflicht« auf sich genommen hatte, obgleich Hardenberg ihn, den nun auch als Konkurrenten gefürchteten Jüngeren, nach wie vor an unbedeutenden politischen Schauplätzen festhielt, da schrieb sie ebenso temperamentvoll:
»Was mich frappiert, ist Dein Unbesorgtsein darüber, daß man Dich in Frankfurt länger und mit Fleiß aufhält. Ich meine, Du müßtest durchaus festen Fuß fassen, um dem Staat wirklich nützen zu können und zugleich, um sehr viele, die jetzt kläffen und bellen, zum Schweigen zu bringen. Lieber, wer teilnehmen will an dem Regieren der Erde, der muß sie berühren... Darum, einziger Wilhelm, spanne alle Segel auf. Wolle, wozu Du Dich entschlossen hast, zwinge den Bewußten (gemeint ist Hardenberg), Ernst mit seinen »Verheißungen« (für Dich) zu machen oder anzuerkennen, daß er Dich nirgends wolle...« Rührend, wie Wilhelm in seiner Antwort den nun alternden und schwerhörig werdenden ehemaligen Mitstreiter dennoch verteidigt...
Jedoch als Hardenberg und der König – nach dem Attentat auf Kotzebue – den Karlsbader Beschlüssen Metternichs zustimmen, welche Wilhelm als »schändlich, unnational und ein denkendes Volk aufreizend« bezeichnet (was seine Entlassung zur Folge hat), da steht Caroline voll hinter ihrem Mann. Weshalb hier doch die Antwort folgen soll auf ihre Frage, ob sie ihm »das Leben nicht manchmal sauer gemacht habe«:

»Du hast mir nie wirklichen Kummer gemacht, meine Li, sondern viele und große Freuden geschenkt, die größte durch Deine bloße Existenz neben und mit mir. Den meisten Menschen, auch den Männern, werden durch die Heirat die schönsten und zartesten Gefühle abgestumpft. Du aber hast in den mannigfachen Verhältnissen mit mir, mit den Kindern, mit den Freunden, nur immer tiefer ins Leben gegriffen, alle Gefühle im Laufe der Zeit mit mehr Wirklichkeit umkleidet, aber alle in ihrer ursprünglichen Reinheit und Höhe belassen.« Und dann später: »Wir sind uns immer darin ähnlich gewesen, daß uns das Rein-Menschliche über alles gehe. Doch glaube mir, wenn ich auf diesem Weg geblieben bin, so weil ich Dich immer ganz und allein darauf gesehen habe. Immer bist Du mir als das höchste menschliche Wesen und – ich darf hinzusetzen – gleich ausdrucksvoll und reizend in Deiner äußeren Gestalt erschienen ...

So wie Odysseus die Göttin Athene – so möchte man hinzusetzen!

Und Jahre später, als Goethe ihm Carolines in Form und Inhalt beachtlichen Briefe rühmt – was sich dem Dichter schon bei ihren Berichten über die Kunstwerke in Spanien gezeigt hatte, folgert Wilhelm sogar: »Es ist geradezu schmerzlich, daß mit Frauen alles Große, was sie und die Welt in ihnen ausbildete, gewissermaßen unbekannt hinstirbt ...« Und endlich: »Zwar muß wohl das Höchste und Beste – wie das Gold im Schacht – einsam und dunkel bleiben, was ja nicht hindert, daß es sehr mächtig waltet! So bin ich überzeugt, daß auch die Macht, die die Frauen ausüben, unendlich größer ist als die, welche von Männern ausgeht. Ohne es zu wollen, prägen die Frauen in allen Verhältnissen die Gemüter nach sich um.«

Hier spricht Humboldt den gleichen Gedanken aus, den Ortega y Gasset in seinem Buch »Über die Liebe« von den genialen Frauen äußert, durch welche »dank des erlesenen Stoffs, aus dem ihr Wesen gemacht ist«, das männliche Empfinden sich so verfeinert, daß sich »ein neues Männerideal« entwickelt. »Als ein Hochziel, ein Beispiel«, so heißt es dann wörtlich, »übt dieses neue Idealprofil kraft des Zaubers, der von den Frauen ausgeht, dann auf eine ganze Gesellschaft seinen Einfluß aus – und hebt so den Mann und mit ihm seine Zeit auf eine höhere geistig-sittliche Ebene«. Ein solches Zauberwesen war Wilhelm von Humboldts Lebensgefährtin, die den Künstlern und Gelehrten ihres Kreises einer ganzen Generation »zu einem neuen Bild ihrer selbst« verhalf.

Und so darf hier wohl die Frage erlaubt sein, ob die Ziele der heutigen Frauenemanzipation nicht doch zu eng gefaßt sind, wenn sie sich in erster Linie auf gleiche Berufschancen und Gehälter konzentrieren und das schöpferische Tun und Wirken der Frau in Gesellschaft, Familie und Staat, also in den bildenden Funktionen einer Athene, kaum mehr ins Gespräch bringen. Athene, ich darf erinnern, hat – nach Platon –, »den Menschen alle Kultur gebracht«, hat ihnen »mit dem erhellenden Gedanken wie mit dem bildenden Willen den Sinn für Ordnung des Staatswesens und den Drang zur Tat wie die Kraft zum Maß eingepflanzt.«

Um noch einmal zu fragen: Könnte sie oder könnten

nicht wenigstens jene blau- und schwarzäugigen »Athenen« um 1800 echte Vorbilder sein?

Caroline selbst hat ihrem »Vorbild«, der »Pallas Athene von Velletri«, jener lebensgroßen Statue eines griechischen Bildhauers aus der Zeit des Perikles (450 v. Chr.), die man während ihrer römischen Zeit unweit Roms ausgrub, jedenfalls Verse gewidmet, in denen sie die Werte nannte, die sie selber zu ihrer »Verwirklichung«, wie man heute sagen würde, geführt haben. Und zwar:

des »Denkens Licht«,

»das künstlerische Streben (das des Daseins enge Schranke durchbricht)«,

»der Sitte Band« und

»den Mut, für Menschenrecht und eigenen Herd zu sterben«!

Wenn ich sagte: ihrem Vorbild, so ist das so viel und so wenig scherzhaft gemeint wie Caroline Schlegels einstige Unterschrift: »Eure blauäugichte Athene«. Ganz gewiß hat Frau von Humboldt in dieser Statue sich und ihren Willen zu Maß und Ordnung, zu dem sie sich einst verpflichtet fühlte, erkannt.

1817, als Humboldt (dessen Umwelt ihn nun als »Staatsmann von perikleischer Hoheit« pries), zum preußischen Gesandten in London ernannt, also wiederum von Berlin »ferngehalten« wurde, reiste Caroline noch einmal nach Rom. Sie durfte ihre kranke Lunge nicht dem feuchten Inselklima aussetzen, und die kränkelnde älteste Tochter konnte allein in Italiens Bädern Heilung finden.

Wieder durften sie in dem geliebten Palazzo Tomasi wohnen, wo sich abermals die deutschen Künstler um

sie scharten, jetzt freilich auch jene, die sich »Nazarener« nannten, wie Overbeck, Veit, Cornelius, Wach, was die Gespräche gewiß manchmal in einen gefährlichen Zwiespalt trieb. Doch Caroline wußte, vielleicht noch mehr als früher, abzulenken, wo es nötig war, oder die Diskussionen auf eine andere Ebene zu heben. Vor allem aber immer wieder durch Anregungen und Empfehlungen zu helfen, die sie dann auch dem österreichischen Kaiser Franz I. gab, der Rom und sie besuchte und dem zu Ehren eine Ausstellung deutscher Maler mit ihrer Hilfe veranstaltet worden war.
Als sie mit der Tochter nach deren erfolgreicher Kur in Ischia (die mit einer Fahrt nach Neapel und auf den Vesuv gekrönt wurde) 1819 die »Stadt ihrer Liebe« für immer verließ, gaben ihr alle Künstler bis zur ersten Poststation das Geleit.
Und nach ihrer Heimkehr in die Berliner Wohnung am Gendarmenmarkt sollte sie noch den Beginn dessen erleben, was sie einst für diese Stadt geträumt hatte. »Ein bisher fremdes Kunstwesen«, so schreibt sie beglückt, »ist in Berlin erwacht, daran sich gewiß nach und nach ein Publikum heranziehen wird. Rauch macht die Porträtstatue Scharnhorsts, Bülows, Blüchers und des Kaisers Alexander (von Rußland), Tieck die vielfachen Arbeiten für Schinkels neues Schauspielhaus. Und von den Bildern von Wach, Schadow und Veit hat der König mehrere bestellt, und so rührt und regt sich alles . . .«

Nachdem Humboldt am 31. Dezember 1819, nach insgesamt zwanzig Jahren, seine öffentliche Tätigkeit beendet hatte, waren den Eheleuten noch etwa zehn Jahre eines endlich gemeinsamen Lebens geschenkt, unterbrochen nur von Badekuren oder Reisen zu ihren Gütern. Und nun war es fast wie zu Beginn ihrer Ehe in der »Goldenen Thüringer Aue«: Wieder trieben sie ihr geliebtes Griechisch, lernten dazu die altindische poetische Gelehrtensprache Sanskrit, unterrichteten sich, angeregt von Bruder Alexanders Forschungsreisen, in Geographie und Sternenkunde. Und schufen sich – gleich Goethe – die Umwelt, das Haus, das ihrem Wesen, ihrer Sehnsucht und ihren Kunstschätzen den rechten Rahmen verlieh.

Schon 1820 hatte Wilhelm die ersten Pläne zum Umbau des väterlichen Schlosses von Tegel mit den Freunden Schinkel und Rauch besprochen. 1823 waren der Neubau der Hauptfassade zum Park, das Vestibül und der Antikensaal fertiggestellt mit Humboldts schöner Sammlung antiker Marmorskulpturen und Abgüssen klassischer Werke.

Auch die »Reliefs der Winde« an den vier Ecktürmen hat Rauch nach antikem Vorbild gestaltet. Von den in den Türmen befindlichen Wohnungen geht der Blick weit ins märkische Land mit seinen Seen, Birken, Kiefern, welche die Humboldt-Kinder, von Italiens Natur verwöhnt, »elende Kienbäume« schalten. Jedoch der »griechische Tempel auf märkischem Boden« oder »der marmorne Altar im Grünen«, wie die entzückten Besucher sagten, ward auch ihnen später mehr als ein Vater-und-Mutter-Haus: Eine Zielsetzung vielmehr, ein Sinnbild, so daß Fontane sagen konnte: Paris ist nicht ohne Versailles, London nicht ohne Windsor und Berlin nicht ohne Tegel zu denken«. »Und Wilhelm von Humboldt... nicht ohne Caroline«, wie der in Ost- und Westdeutschland gedruckte Herbert Scurla in seiner Wilhelm-von-Humboldt-Biographie schrieb.*

Waren die Eheleute in ihren letzten Jahrzehnten immer von einigen Kindern und Enkeln umringt – die Lieblingstochter Gabriele von Bülow bekam ihre ersten drei Töchter in Berlin – so wollte der »Weise von Tegel«, auch wohl »die Sphinx« genannt, nach dem Tode Carolines – 1829 – nur noch seinen Sprachforschungen leben, seinen Dichtungen, seiner noch immer umfangreichen Korrespondenz – der letzte Brief Goethes ging an ihn – und dem Ordnen der Briefe seiner Frau, deren Grabstelle er täglich besuchte. Doch der König beauftragte ihn noch im Todesjahr Carolines, das Museum am Lustgarten, das Schinkel gerade vollendet hatte, mit den kostbaren antiken Marmorskulpturen der königlichen Sammlungen einzurichten. Für diese letzte hervorragende Tätigkeit wurde er wieder in den Staatsrat aufgenommen und erhielt schließlich Preußens höchste Auszeichnung: den Schwarzen Adlerorden am Bande, den Bruder Alexander, endlich aus Paris heimgekehrt, ebenfalls besaß.

Auch ihm hatte Caroline allezeit die Geborgenheit der Familie geschenkt. Wie sie überhaupt – nach Hanno Beck – »an der schöpferischen Polarität des Bruderpaares durchaus Anteil hatte«, da sie »den Charakter der

* Das genaue Zitat lautet: »Niemals wäre uns Humboldt das geworden, was er uns Heutigen ist, der große Humanist und in die Zukunft weisende Staatsmann, ein Deutscher, auf den wir stolz sind... ohne Caroline von Dacheröden.«

beiden Männer durch das Hinzutreten ihrer kongenialen Schönheit« – Schönheit gewiß als Körper-, Seelen- und Geist-Harmonie gedacht – »wie mit einem zauberhaften Licht erhellte.«

Hochgeehrt vom Haus des nächsten »romantischen« Königs, Friedrich Wilhelm IV., wie von der philosophischen und naturwissenschaftlichen Welt Europas, wurden beide Humboldts auch von der Generation, welche die Gründung des ersehnten Deutschen Reiches – von ihnen freilich ein wenig anders gedacht – erlebte. Von dieser Generation, die sich nach echten Leitbildern – gleich unserer heutigen – sehnen mußte, wurde Caroline dann allzu hochstilisiert, so daß ihre Gestalt jede Lebendigkeit – und damit sich das Interesse an ihr – verlor. Ihre gründlich bearbeiteten Briefe, um die Jahrhundertwende erschienen, schmückten zwar noch die Bibliotheken unserer Großväter und -mütter, aber deren Kinder und Enkel blätterten nicht einmal mehr darin. Weswegen jetzt vielleicht eine neue Briefauswahl und die hier versuchte Darstellung einer »menschlichen« Caroline unsere heutigen, um Form und Wesen ringenden Frauen interessiert?

Zumal der Grund ihres Seins und Erfolges ja keineswegs nur ihr Herkommen, ihre Klugheit, Bildung und Schönheit oder die bedeutenden Positionen ihres Mannes gewesen waren, sondern weil – wie Varnhagen es ausdrückte: »In alle Gegenwart, Vergangenheit, selbst in die Ahnungen der Zukunft, ihr Liebesvermögen ragte.« Durch diese Fähigkeit, wahrhaft zu lieben, war es ihr gelungen, ihrer Ehe – trotz der langen Trennungszeiten – den Sinngehalt zu geben, wie wir ihn uns heute ersehnen. Ferner: Junge Menschen so ins Leben zu führen, wie es uns ebenfalls vorschwebt. Und schließlich: die künstlerisch Schaffenden aus einer Zeit der Verworrenheit, der unsrigen gleichfalls ähnlich, zu einem Stil zu führen, der griechische Klarheit und Harmonie mit protestantischer Strenge verbindet.

Von dieser Fähigkeit, durch die Kraft der Liebe zu verwandeln, hat sie in ihrem Athene-Gedicht nicht gesprochen; selbstverständlich wie der helfenden Göttin war ihr, zu lieben, und weder eine spezifisch weibliche noch männliche Tugend.

Doch als »unter Schmerzen alles von ihr abfiel« hat sie in einem Brief an die Tochter Gabriele ihre Gedanken über den Sinn des Lebens niedergelegt: »Nicht das Glück kann es sein«, heißt es da, »sondern die Liebe. Weil für sie der höchste Genuß ist, das Geliebte glücklich und erfüllt zu sehen. Weshalb unsere einzige Bestimmung nur sein kann: So viel zu geben als man vermag und so wenig wie möglich zu verlangen!«

So, wie es einst Novalis am Tisch der Caroline Schlegel ausdrückte: »Der Liebe fähiger machen, darauf muß alle Erziehung des Menschengeschlechts hinauslaufen.«

Aus Briefen der Caroline von Humboldt

Caroline von Dacheröden als Verlobte an Charlotte von Lengefeld (spätere Frau von Schiller)

Sonntag Abend, den 31. Mai 1789

... Du kennst mich noch nicht: mein Herz ist unbändig in seinen Wünschen und unersättlich im Genuß der Liebe und Freundschaft. Mit jenem könnte es die Ewigkeit ausfüllen, und diesem möchte es ihr Dauer geben. Es hat mich viel Mühe gekostet, ehe ich es gelernt habe, mich in den Gang des gemeinen Lebens zu fügen, das gewöhnlich so wenig gibt...

An Charlotte Schiller, geborene von Lengefeld, kurz nach Carolines Heirat

Erfurt, den 21.8.1791

... Ich lebe so still und unaussprechlich glücklich! Wilhelm ist sehr beschäftigt, und es ist so süß, eine Fülle der Ideen und Gefühle in dem Manne zu ahnen, den wir einzig und vor allem lieben. Dabei ist er so still in sich und eins. Sein inneres Leben ist eine ewig fortgehende Melodie, ein ununterbrochenes Aufsteigen zu höheren Empfindungen und lichteren Gestalten. Ach, und wie zart er ist in allem, wie so leicht zu behandeln! Aber was mich allein mit ewiger Liebe an ihn binden könnte, ist seine anspruchslose, seine unendlich stille Größe. So oft ist ihm selbst seine Seele verschleiert, und er ahnt kaum ihren erhabenen Flug.

Kurz vor der Geburt ihres dritten Kindes an den Gatten Wilhelm

Aus Jena, den 19. Januar 1797

»Liebes trautes Wesen! Es verlangt mich, Dir und Euch, meine geliebten Kinder, noch ein Wort zu sagen! Ich hoffe: wir bleiben zusammen! Bleiben wir es jedoch nicht, teurer Bill, so bleibe meinem Andenken und dem der süßen Kinder hold – auch dem kleinen Wesen, das ich erwarte. Verzeih mir meine Schwachheiten, ich habe Dein schönes, reines Wesen tief erkannt und unendlich geliebt. Lebe wohl –

An Charlotte Schiller

Paris, den 16. Februar 1798

Du glaubst nicht, welch einen Eindruck der Gang durch diese ungeheure Stadt hinterläßt. Überall regstes Leben, Tätigkeit, Industrie, Pracht und Fülle ... Wie oft denke ich an Euch, wenn ich in einem Kreis ganz fremder Menschen sitze und kein deutsches Wort um mich tönt.

Bill (Wilhelm) lebt glücklich und beschäftigt. Er ist heiterer wie ich ihn lange nicht sah. Ich darf sagen: nichts fehlt ihm hier als Schiller und so, daß er nie ohne Rührung von ihm spricht. Immer freut es ihn, wenn er ihm durch seine Beschäftigungen nahe bleibt. Für mich ist die große Oper hier das anziehendste – nicht durch die Musik, denn selten hört man etwas Gutes, doch durch den Tanz und die einzige Schönheit der Kostüme.

An Rahel Levin (nach Carolines Trennung von Humboldts Jugendfreund v. Burgsdorf, in den Caroline sich heftig verliebt hatte)

Paris, den 25. März 1798

Die Empfindung, alles auf rechte Weise zu verstehen, hat mir noch kein Mensch so vermittelt als Sie. Sie kennen das Bedürfnis, alles in sich selber klar zu sehen, auch wenn es das Leben kostet! Ich darf jetzt sagen: Ich bin innerlich wieder frei und ruhig. Der Genuß des Lebens wird durch die errungene Kraft, den Sinn für alles Menschliche und Göttliche wiedergewonnen: Die Liebe gestaltet unser Wesen, und selbst wenn eine ihrer Täuschungen zerronnen ist, ist sie es noch immer, die den Takt des Lebens erhält.

An Rahel Levin

Paris, Mai 1798

Ich führe mit meinen Kindern eine ganz häusliche Existenz. Die Vormittage dauern hier bis vier Uhr, früher ißt kein Mensch. Das gibt mir die Möglichkeit, viel mit ihnen zusammen zu sein. Abends bin ich oft in Gesellschaften oder im Theater, oft auch an meinem Teetisch mit dem kleinen Zirkel meiner Bekannten. Es sind viele Deutsche hier, denen mein Haus ein point de rallerment (Treffpunkt) ist. Das Theater ist interessant, die Komödie vortrefflich. Alle Feinheit, Höflichkeit, alle Oberflächlichkeit des französischen Wesens, ihrer Sitten wie ihrer Empfindungen, offenbaren sich in ihren Stücken und in der Art wie sie gespielt werden. Bei der Tragödie ist das noch deutlicher: ich kann mir nicht denken, wie man jemals gerührt werden könnte.

Aber *interessiert* ist man aufs Äußerste: durch das Spiel der vorzüglichen Schauspieler wird das Ganze ein vollendetes Kunstwerk ...

Spanien 1799–1800
An Charlotte von Schiller

Madrid, den 15. Nov. 1799

... Wir haben Schillers »Don Carlos« mit, und ich habe schon oft darin gelesen ... Im Escorial suchte ich mir Philipps II. Sarg und den der schönen Elisabeth von Frankreich, und Schiller mag nun lächeln über mich oder nicht: ich konnte es nicht lassen, lange davor zu stehen. Mir war's, als stände ich vor dem Sarg bekannter Personen ... Welch ein Schatz von Bildern ist hier, war für Raffaele, Tiziane, von beiden Meistern die schönsten, glaube ich ...
Die Nationaltracht aller Frauen – man kann sich hier gar nicht anders sehen lassen – und die dunklen Mäntel der Männer machen den Anblick in Kirchen, Spaziergängen und auf den Gassen ziemlich einförmig. Wie würdest Du lachen, mich in diese Nationaltracht gekleidet zu sehen! Ich habe sie mir auf das allereinfachste machen lassen, hier wissen die eleganten Frauen sie so coquett wie jede andere Tracht zu tragen ...

An Charlotte von Schiller

Barcelona, den 26. März 1800

Ich habe nie gewußt, wie ein Orangenbaum aussieht, und also auch Goethes Lied darüber nicht verstanden, obgleich es doch eine simple Sache ist, sich die goldenen Früchte »im dunklen Laub« zu denken. Aber jetzt, nachdem ich die ersten Orangenbäume bei Cordova sah, sang es geradezu in mir: »Kennst du das Land ...« Die Ebene, in der Granada liegt, ist mit einem Kranz hoher Eisgebirge umgeben und dieser Kontrast im Augenblick, da sich in der Ebene alle Gärten von Granada begrünt hatten: Pappeln und Birken im ersten zarten Grün, die Zitronen und Orangenbäume üppig beladen standen, die Mandeln blühten, und sich in den unteren Gängen hohe Hecken von Myrrten wölbten, der Lorbeer höher ragte als ich ihn je gesehen und hundertjährige Zypressen sich in einem langgestreckten Marmorbassin spiegelten ...

An Joh. Schweighäuser (den frühen Hauslehrer ihrer Kinder)

Rom, den 10. 1. 1803

Außer dem Genuß am Wohl und Entwicklung meiner Kinder habe ich hier den unerschöpflichen an der Kunst! Raffael lernt man erst hier richtig kennen. Er ragt wie ein Gott über seine eigenen Werke.
Auch Sie, lieber Schweighäuser, werden, wo nicht schon jetzt, die Athene aus Velletri sehen in Paris! (Wohin Napoleon sie 1797 gebracht hatte. Anm. der Verf.) Ich besuche oft hier den Gipsabguß und bin selbst vor ihm von stiller Erfurcht ergriffen ...

An Lotte von Schiller (nach dem Tod des ältesten Sohnes Wilhelm und der schweren Erkrankung des zweiten: Theodor)

Rom, den 17. September 1803

... Mein Herz und meine Gedanken haben sich zu niemanden inniger gewendet als zu Euch, aber eben darum konnte ich Euch nicht schreiben. Das Bild Eurer Kinder schwebte mir immer und immer vor Augen, und der mögliche Gedanke, daß Euch auch einmal der Schmerz treffen könnte, der mein Leben so unglücklich gemacht hat, wächst mit mir in die dunkle Zukunft... Humboldt kam an, als das Kind bereits tot war. Wenn meine Liebe und Achtung für den Guten einen Zuwachs erhalten könnte, so wäre es durch die Art, wie er seinen Schmerz äußerte, und wie er ihn seitdem trägt. Aber sagt mir, Ihr Lieben, nächst dem tödlichen Schmerz des Verlustes, kommt es Euch selbst nicht wie eine Ungerechtigkeit, wie eine Kränkung des Schicksals vor? Es war sein liebstes Kind, und er hat es nicht mehr am Leben finden können... Liegt nicht in dem allen eine tiefe Tücke des Schicksals...?

An den Sekretär ihres Vaters, (1806, Beginn der französischen Besatzungszeit in Thüringen und Preußen)

Rom, den 26. November 1806

... Ich kann Ihnen nicht genug für Ihren Brief vom 30. d. M. danken! Er hat mir das Herz wieder erleichtert nach Wochen allerbangster Sorge und tiefsten Kummers. Seit Anfang des Krieges waren es die ersten Zeilen, die mich erreichten! Tag und Nacht dachte ich an meinen alten Vater und ängstigte mich um sein

Schicksal in dieser Zeit des Jammers und des Elends. Ich kann dem Himmel nicht genug danken, daß der erste Schrecken für die Gesundheit des würdigen Greises noch so leidlich vorübergegangen ist...
O Gott! In welchem Zustand ist unser armes, so gutes und braves Deutschland! Wer kann jetzt den Ereignissen mit dem Mut entgegentreten, den allein das Gefühl und das Bewußtsein unverletzter Pflichten gibt. In dem Sinne erziehe ich meine Kinder, denn ich ahne, daß auch sie viel erleben werden... Für meinen Mann gibt es schlechterdings nichts, als auf dem Posten zu bleiben, der ihm anvertraut ist; er könnte ihn, so unnütz er auch eigentlich ist, nicht verlassen, ohne seine persönliche Ehre zu kompromittieren. Es ist jetzt wichtiger als je, diese ohne irgendeinen Flecken oder Makel zu retten. Von Gehalt ist natürlich und kann jetzt nicht die Rede sein: Humboldts Kapitalien zahlen keine Interessen (Zinsen): wir sind daher in sehr eingeschränkten Mitteln...

Caroline an den Gatten, während der Kriege gegen Napoleon (1813/14)

Berlin, den 28. Juni 1813

...Ach, in welchen Zustand ist die gepeinigte Menschheit gesunken, daß allen, auch jenen, die Kopf und Herz auf dem rechten Fleck haben, die Greuel des Krieges als das einzige Rettungsmittel erscheinen! Ich vermag Dir nicht zu sagen, wie mir das Herz fühlbar blutet um den allgemeinen Jammer...

Am 1. Juli 1813

... Es hat das Schicksal einer ganzen Generation in der Hand der Mächtigen gelegen. Alles, was etwas wert ist, das Physische und Moralische, alles tritt mit Kämpfen, Schmerzen und Ringen in die Wirklichkeit. Also, *muß* es zu etwas Großem reifen! So sehe ich diese schmerzlich verworrene Zeit auch nur als den Übergang zu einer anderen ...

Am 19. Juli

... Preußen hat in dieser Zeit eine Kraft geäußert und entwickelt und zum Teil in das wirklich reelle und handelnde Leben übertragen, welche einem Preußen, als die Wiege künftiger gesetzmäßiger Freiheit, sehr teuer machen ... Darum: liebster Wilhelm, bis zu Deinem 50sten Jahre Dich Preußen zu geben, halte ich für Deine unerläßliche Pflicht, zumal in so ernster Zeit. Dies wünsche ich aus reinem Interesse für das Gute. Nötigen Dich aber öffentliche Umstände ganz zurücktreten, so glaube mir, mein teurer Wilhelm, daß es für mich nur das Schmerzliche haben wird, Dich für Preußen verloren zu denken ...

An Rahel

Wien, den 14. September 1813

Geliebte Rahel, durch Bartholdy sende ich Dir 764 Gulden, 45 Stück Dukaten und 9 Gulden Conventionsgeld für Deine armen Verwundeten. ... Die Ärmsten und Verlassensten möge Deine liebe Hand erquicken. Außerdem bringt B. eine Pack Charpie und Badagen. Wir werden damit fortfahren ...
O Gott, wir leben in einem furchbaren Moment. Wenn

ich selbst nicht so beschränkt wäre, so ginge ich nach Berlin oder Prag (wo Rahel sich befindet), um so wie Du die Verwundeten zu pflegen. Aber unsere vielen Kinder machen aus einer Reise ein kleines Kapital, und da wir, Humboldt und ich, von unserem Besitz auch nicht einen Heller haben, so dürfen wir uns so wenig wie möglich in Ausgaben stürzen.

Vom 11. bis 30. September 1814 weilte Caroline in Neuchâtel
An Wilhelm von Humboldt

Coppet, den 19. August 1814

Ich bin seit vorgestern hier, mein liebster Wilhelm, und bin auf eine wirklich sehr freundschaftliche und herzliche Weise aufgenommen worden. Ich war im Wirtshaus abgestiegen, um mich und die Kinder abzustauben. Allein, nicht 5 Minuten darauf begegneten wir schon Frau von Staël, die uns entgegenkam. Sie nahm mich untern Arm und wollte gleich alles auf einmal wissen...

Coppet, den 28. August 1814

...Ich muß doch noch von der Staël schreiben. Eine solche wunderbare Veränderung kannst Du Dir nicht denken! Sie ist mit allem, was geschieht, eigentlich unzufrieden, und möchte aus dem Zustand, in dem die Welt war, mit einem Schlag zu der gesetzmäßigen Freiheit und konstitutionellen Verfassung wie die englische übergehen. Die Rückkehr der Bourbonen nach Frankreich ist ihr unlieb, sie will durchaus die unleugbare Anhänglichkeit der Völker an ihre angeborenen Fürsten nicht anerkennen... Sie ist zornig über unse-

ren Vormarsch bis Paris – darüber denkt sie ganz als Französin.
Gegen mich ist sie liebreich und gut, dessen ungeachtet hat sich die Verschiedenheit unserer deutschen und französischen Natur doch diesmal tief offenbart...

An Wilhelm von Humboldt

Berlin, den 17. November 1814

...Wie sehr begreife ich, geliebtes Herz, daß Du mit den Geschäften in Wien, mit der Art, wie sie geführt werden, nicht zufrieden bist... Sollte das alberne Souveränitätswesen der ehemaligen Rheinbundfürsten nicht abgeschafft, und die Rechte der Völker gegen ihre kleinen Tyrannen nicht in Schutz genommen werden, so kannst Du gewiß glauben: es bleibt im Württembergischen, im Badenschen und Darmstädtischen nicht ruhig! Das Volk ist tief erbittert und hart bedrückt, und der letzte Krieg hat der Masse überlaut gesagt, was sie vermag.

An Wilhelm von Humboldt

Wien, den 21. Mai 1815

...Der ganz ungenügende Ausgang der deutschen Verfassung macht mir viel Kummer. Hätte Preußen doch allein eine gute und kräftige Verfassung mit wenigen gutgesinnten Fürsten geschlossen!

23. Mai 1815

...Die neue deutsche Bundesverfassung ist ein merkwürdiges Stück! Es ist empörend, wie man mit den heiligsten Dingen Scherz treibt! Allein die Dinge rächen sich; wer das noch nicht weiß, der wird es an sich selber erfahren ...

Auf der Heimreise von Italien, wo Caroline mit der ältesten Tochter Genesung gesucht hat.
An Humboldt, der statt in Berlin, in London als Gesandter weilt:

Florenz

... Ich habe, mein geliebtes Herz, so kranke Tage gehabt, daß ich mich entscheiden mußte, in Florenz zu bleiben ... Die Schmerzen, die ich noch jeden Tag leide, lassen sich gar nicht beschreiben. Durch große Ruhe, sehr vieles Liegen, hoffe ich ein Stück weiterzukommen. Der stumme Bekker, obgleich er selbst kein Aufhebens davon macht, hebt mich in den Wagen aus und ein, und trägt mich beinahe die Stufen herauf. Er studiert jeden Schritt aus, den er mir ersparen oder erleichtern kann. Meine Schmerzen gehen nun auch in der linken Arm und die Hand. Ich hatte, wenn sie so heftig waren, mehrere Male einen sehr akzelerierten Puls. Diese Anfälle dauern freilich nur eine Zeitlang, aber die Mattigkeit, die sie zurücklassen, ist ungemein groß, und leider ist diese beinahe permanent ...

An Wilhelm von Humboldt
Lieber einziger Wilhelm!
Überlege alles wohl und spanne alle Segel auf. Wolle, wozu Du Dich entschlossen hast! Zwinge den Bewußten (den König), Ernst mit seinen Verheißungen zu machen, oder zwinge ihn, anzuerkennen, daß es weltkundig werde, daß er Dich nirgends wolle.

... Ich teile Deine Sehnsucht, aus allen beruflichen Banden zu fliehen und in schöner, tiefer Einsamkeit das Leben zu beschließen. Allein ich sage mir, daß Du das nicht kannst, obgleich das Verhältnis, wie es sich jetzt zeigt, eine große Quälerei ist. Vergib, geliebte Seele, wenn ich vielleicht mit Deiner Ansicht nicht übereinstimme. Aber an Deiner Stelle faßte ich den Entschluß, noch sechs bis sieben Jahre dem Staat zu dienen, und zwar in der Tat, in der Wirklichkeit, nicht an einer Stelle, wohin Mißgunst und mangelndes Vertrauen mich stellten ...
Eine entschiedene und entscheidende Trennung ist etwas ganz anders als ein leidenschaftlicher Bruch. Über den bist Du weit erhaben, aber jene Trennung, glaube ich, bist Du Dir schuldig. Und zwar mit *Vorwissen* des Königs. Entweder trittst Du dann in die Stelle, die Dir gebührt, oder es wird offenkundig, *wer* Dein Gegner ist. Mit der Manier des Menagierens wirst Du nicht weiterkommen. Und Du *sollst* es auch nicht, wenn es auf eine solche Weise geschieht. (Der liberale Staatsmann Humboldt stand – ebenso wie sein Freund, der Frhr. v. Stein, der reaktionären Rückwende, die Hardenberg und der unsichere König erstrebten, im Wege. D. Vf.).

Wilhelm von Humboldt an seine Frau
... Deine Briefe, die meine beste und höchste Freude sind, dünken mich, nie so schön, so voll der tiefsten Wahrheit und des reinsten und sichersten Gefühls über jeden Gegenstand, den Du berührst als während unserer jetzigen Trennung. Ich lese oft dieselbe Stelle viele

Male und bewundere, wie unnachahmlich so vieles von Dir gedacht, empfunden und gesagt ist...
... Es gibt nichts Besseres auf Erden als eine Frauennatur. Wenn die Frauen ihre Natürlichkeit nicht verlieren, so haben sie immer, auch bei der schlichtesten Einfachheit, etwas Edleres und Tieferes als Männer. Doch werden Frauen oft von (an sich nicht schlimmen) Männern ungerecht behandelt und sind, wenn sie glücklich scheinen, es meistensteils mehr durch innere Genügsamkeit und Selbstverleugnung als durch die äußere Lage...

Caroline an Wilhelm, (nach der Ermordung Kotzebues durch den Studenten Karl Ludwig Sand in Mannheim)
...Alle Details, die Du mir von dem unglücklichen Sand gibst, haben mich sehr interessiert. Ich habe ein tiefes Mitleiden mit ihm. Entweder muß er doch verrückt gewesen sein, Kotzebue diese Wichtigkeit beizumessen, oder bei viel Liebe und Innigkeit des Charakters viel Beschränktheit gehabt haben. Die Menschen, die sich einem gewissen Tod weihen, um eine Idee, eine Überzeugung durchzuführen, interessieren einen um so mehr, da sie immer selten sind. Eine schreckliche Empfindung denke ich mir in Sands Mutter. Sie muß den Tod des eigenen Sohnes wünschen, um ihn nicht auf dem Schafott sterben zu sehen! Das ist doch gräßlich...

An Welcker (am 31. Dezember 1819 wurde W. v. Humboldt entlassen)

Berlin, den 22. Januar 1820

... Humboldts Verabschiedung, die auch uns unerwartet kam, hat keine anderen Folgen bis jetzt für uns gehabt, als daß wir keine Diners mehr geben. Humboldt sagte sehr ruhig: »Nun wird man doch endlich wieder etwas für sich tun und lassen können.« Dennoch hat dies Ereignis eine Seite, von der es mich sehr schmerzt. Sie kennen mich genug, um zu wissen, wie ich es empfinde, wenn der Fortgang des Guten gehindert wird. Und Humboldt besaß in *seltenem Grade* das Vertrauen der Besseren ... Er bittet Sie, mit mir alles mit ruhigen Blicken anzusehen. Alles geht vorüber, und zuletzt siegt die Warheit ...

Anmerkung:
Die Briefstellen sind bei leichter Anpassung an heutige Rechtschreibung und Diktion dem Buch entnommen:
Herman Hettler »Karoline von Humboldt. Lebensbild einer deutschen Frau aus ihren Briefen gestaltet«, Leipzig 1933

5.
Im Bannkreis Goethes

Fürstin Anna Amalia von Sachsen-Weimar

13. Fürstin Anna Amalia von Sachsen-Weimar

Das Wirken Anna Amalias von Sachsen-Weimar, das im 18. Jahrhundert ihre winzige Residenz zum »Brennpunkt der deutschen Literatur in ihrer höchsten Glanzzeit« (Victor Lange) wachsen ließ, ist natürlich erst durch Goethes Anwesenheit in Weimar möglich geworden. Doch schon die erste Begegnung des Dichters mit Karl August, dem damals kaum 18jährigen Sohn der Herzogin, war bereits durch Amalia eingeleitet. *Sie* hatte den von ihr geschätzten Carl Ludwig von Knebel, Reisebegleiter der beiden Prinzen, angeregt, während des Aufenthalts in Frankfurt den Dichter aufzusuchen und ihm den Wunsch der herzoglichen Söhne, ihn kennenzulernen, zu vermitteln.

Kurz zuvor hatte Amalia die ersten Veröffentlichungen des damals 26jährigen Dichters gelesen: »Die Leiden des jungen Werther« und den »Götz von Berlichingen«. Und während der »Werther« sie schmerzlich an die Leiden *ihrer* Kindheit erinnerte, vergegenwärtigte ihr der »Götz« Wirken und Sein der eigenen Vorfahren, der Welfen. »So edel, frei, tapfer, großherzig-vertrauensvoll« hatte ihr der Abt Jerusalem, ihr Braunschweiger Lehrer, dieses Geschlecht geschildert: *so* wollte sie werden! Statt – wie ihre hübscheren Schwestern – elegant französisch zu parlieren, graziös zu tanzen und zu kokettieren – wie die französischen Gouvernanten es auch sie lehrten! Und also ließ sie sich lieber »beschimpfen und schlagen, um ... dann doch nach meinem Willen zu tun«, wie sie später in ein Tagebuch schrieb, das man lange nach ihrem Tod in ... Goethes Nachlaß fand!

Natürlich hatte die Fünfzehnjährige, deren »Wirken einmal für viele unendlich schätzbar sein würde«, wie der Abt damals bereits über sie aussagte, ihren Willen keineswegs durchsetzen können – auch nicht bei der Gattenwahl, die ihr Vater für sie traf. Sie fiel auf den verwaisten Sohn aus dem Hause Sachsen-Weimar, der nach dem Tode seiner Eltern am verwandten Gothaer Hof aufwuchs – ohne viel Betreuung. Jedenfalls war der junge Prinz körperlich äußerst zart und wenig selbstbewußt, weshalb vielleicht Amalias Vater, der Herzog, der seine Töchter gerne »gut« verheiratete, ihn für diese kleine energische Welfin gewählt hatte?!

Natürlich wurde die Hochzeit in Braunschweig und Wolfenbüttel mit allem Pomp gefeiert, wie es sich für eine Welfentochter geziemte. Und auch bei der Ankunft in Weimar – damals ein Landstädtchen mit dörflichem Charakter! – trug Amalia ein reich mit Gold gesticktes Kleid, um so sechsspännig durch die ungepflasterten Straßen zu der verwahrlosten Schloßburg zu fahren. In Amalia aber, gerührt von dem freundlichen Winken und Rufen der Bevölkerung, wuchsen Wunsch und Wille, diese ihr nun Anvertrauten vielleicht glücklicher machen zu können, als sie im Augenblick waren. Auch der Mann an ihrer Seite, der sie in allem verstand, dachte ähnlich.

In dem erwähnten Tagebuch Amalias heißt es: »In

meinem 16. Jahr wurde ich aus den harten Banden (meiner Kindheit) erlöst, man verheiratete mich, so wie man gewöhnlich Fürstinnen vermählt. Doch im Jahr darauf wurde ich Mutter und dies war die erste und reinste Freude meines Lebens! Mein Herz wurde leichter, ich bekam mehr Zutrauen zu mir... Und dies, obgleich in den Stunden, als ich mein Kind erwartete, die ersten Truppen der Reichs-Armee in Weimar einmarschierten: der Siebenjährige Krieg hatte begonnen!« »Doch nun soll mich nichts mehr erschrecken!« so dachte sie wohl. Aber Amalia irrte: wenige Monate später, am 28. Mai 1758 – sie erwartete ihr zweites Kind –, starb der Gatte an seinem Herzleiden und hinterließ *zwei* Testamente.

In dem ersten war neben Amalia der König von Dänemark als Vormund und Erzieher des Erbprinzen vorgeschlagen. Das zweite Testament bestimmte dann allerdings eindeutig seine »vielliebe Gemahlin, Mutter meines Sohnes« zur alleinigen Regentin »bis zu dessen Großjährigkeit«.

Ein langes Ringen um die Erbfolge entstand, in dessen Verlauf Amalias Vater beim deutschen Kaiser in Wien vorstellig wurde, bis endlich, am 9. 7. 1759, ein kaiserliches Dekret sie zur alleinigen Regentin des Herzogtums Sachsen-Weimar bis zur Großjährigkeit ihres Sohnes Karl August ernannte.

Auch über diese Zeit schreibt Amalia höchst anschaulich: »In meinem achtzehnten Jahre fing die größte Epoche meines Lebens an; ich wurde *zum zweitenmal Mutter, wurde Witwe, Obervormünderin und Regentin.* Die schnellen Veränderungen, die Schlag auf Schlag kamen, machten einen solchen Tumult in meiner Seele, daß ich nicht zu mir selber fand. In solcher Jugend unabhängig schalten und walten zu können, überwältigte mich. Doch bald sah ich das Große, Verantwortungsvolle, das meiner wartete und... fühlte meine gänzliche Untüchtigkeit! Um schließlich wohl das einzig Richtige zu tun: mich unermüdlich zu orientieren über alles, was ich über Rechte und Pflichten einer Staats- und Menschenführung wissen mußte. Auch las ich das vielbesprochene Buch von Wieland »Der goldene Spiegel«, was mir so gute neue Gedanken schenkte, daß ich sie dem Verfasser mitteilte. Endlich wuchs mir mit dem Geheimen Rat von Greiner ein Ratgeber und Freund zu, den ich bald wie einen Vater liebte. Er diente mir bis zu seinem Tode 1772 als erster Minister, wo ihn dann der äußerst fähige Freiherr von Fritsch ablöste«.

Und dieser Fritsch war es, der ihr später, am Ende ihrer Regentschaft, den entscheidenden Dienst erweisen sollte. Denn um diese Zeit drängte bereits ihr älterer Sohn – kaum so alt wie sie bei ihrer Heirat – an die Macht. Sie hatte für ihn – wie natürlich auch für den jüngeren Constantin – stets die besten Erzieher gesucht, die ihr den Thronfolger oft geradezu überschwenglich lobten. Indes sie, die Mutter, »in seinem Charakter eine gewisse Härte beobachtete, die stets ein großes Laster und ein doppelt großes bei einem Regenten ist«, wie sie an Wieland schrieb, den sie schließlich bat, selbst die Führung ihres Sohnes zu übernehmen, der jetzt sogar alle ihre Entscheidungen ablehnte oder herabsetzte. Sollte sie denn abermals von jenen, die sie am meisten liebte, verkannt, ja vorzeitig verdrängt werden? Alles, was sie in den Jahren ihrer Regentschaft erreicht hatte: die Finanzen des verschuldeten Landes zu ordnen, die Bevölkerung durch die Hungersnot der Kriegsjahre zu bringen, die Bauern zu entlasten, saubere Straßen, Schulen, ein Krankenhaus, sogar eine Bibliothek zu schenken: dies war in den Augen des Sohnes offenbar nichts oder viel zu wenig...

Und gekränkt wie einst als Mädchen, so reagierte sie auch jetzt: sie wollte sofort, also vorzeitig, die Regentschaft an den so stürmisch zur Herrschaft Drängenden abgeben! Allein der Einspruch des erprobten Fritsch veranlaßte sie, dessen Vorschlag anzunehmen: Nämlich Karl August sogleich an den Sitzungen des Geheimen Konsiliums teilnehmen zu lassen, damit er von seinen künftigen Aufgaben eine Vorstellung bekomme. Außerdem riet er ihr, den Söhnen die damals übliche »Kavaliersreise« zu bewilligen, die zugleich eine »Brautwerbung« einschließen könne. Karl August hatte die vorgeschlagene Prinzessin Louise aus dem Hause Hessen-Darmstadt bereits auf deren Fahrt nach Petersburg kennengelernt, wo sie dem künftigen Zaren vorgestellt werden sollte. Der russische Thronfolger aber erwählte dann nicht sie, sondern eine ihrer Schwestern, eine Kränkung, welche die zartgebaute Siebzehnjährige für den vitalen Karl August vielleicht besonders liebenswert machte.

Anna Amalia, die alle Vorschläge ihres Beraters befolgt hatte, war nun glücklich, zu erfahren, daß nicht nur die Brautwerbung geglückt war, sondern die Begegnung der Söhne mit dem jungen Goethe, die sie angeregt, sogar zu einer Einladung des zukünftigen Herzogs an den Dichter geführt hatte. Sie wurde von ihr, Amalia, mit den reizendsten Worten bestätigt: er möge doch bald in ihre Stadt kommen! Aus der er bekanntlich nicht mehr heimkehren sollte...

»Auf einmal stand in unserer Mitten
Ein Zauberer –
Ein schöner Hexenmeister es war,
Mit einem schwarzen Augenpaar,
zaubernden Augen voll Götterblicken,
Gleich mächtig zu töten und zu entzücken.
Wir fühlten's mit allen unseren Sinnen,
Durch alle unsre Adern rinnen:
So hat uns nie in Gottes Welt
Ein Menschensohn sich dargestellt...«

Mit diesen Versen hat Wieland die erste Begegnung Goethes mit Amalia und ihren Freunden besungen. Glücklich wie seine Fürstin war er, den jungen Kollegen persönlich kennenzulernen, um mit ihm und der kunstbegeisterten Herzogin vielleicht dieses Weimar zu einer echten Kunst- und Kulturstätte zu entwickeln.

Und diese Hoffnung trug ihn auch noch, als sich der ganze Hof über das »geniale Treiben« empörte, das der Herzog mit seinem neuen Freund Goethe begonnen hatte. Wieland wußte, daß nur so Goethe sich das Vertrauen des überaus vitalen Herzogs erringen konnte: Wenn er alle Tollheiten dieser Generation des »Sturm und Drang«, wie die Jugend sich nannte, mitmachte und dabei weder Ansehen, noch Körper und Geist schonte; also »ein ganzer Kerl« war.

Und Goethe? Der die Jagden zu Pferde, das Leben in

Felshöhlen und -hütten, das Schwelgen bei Tanzfesten mit Bauernburschen und -mädchen, nicht nur mitmachte, sondern auch genoß – nach den Jahren des *geistigen* Vagabundierens, wie er Wieland versicherte – er ahnte gewiß, daß ihm sein »Dämon«, wie er es später nennen sollte, Karl August und seine Mutter zugeführt hatte, auf daß er mit ihnen den Auftrag ihres und seines Lebens erfüllen könnte!

Doch diese Zukunftshoffnungen sollten erst einmal an der Realität scheitern. Karl August zögerte und zögerte, an seine Regierungsarbeit zu gehen. Und erst als Goethe – aufgefordert vielleicht von Amalia oder war es nun schon Lotte von Stein? – während eines Besuchs auf dem Landsitz ihrer Familie, als Bauer verkleidet, auftrat und dem jungen Herzog in Versen sagte, was das Volk von ihm erwartete ... da geschah das Erhoffte: der Herzog war bereit, sich seinen Aufgaben zuzuwenden; freilich nur ... wenn Goethe mitmachte!

Und als Goethe nicht widersprach, ließ Karl August sogleich die entsprechende Order herausgehen, was freilich eine unerwartete Reaktion haben sollte. Denn das geheime Konsilium protestierte! Und der von Amalia so geschätzte Minister von Fritsch erklärte: er würde seinen Posten niederlegen, falls dieser Goethe ...

Empörung beim Herzog! Amalia mußte noch einmal eingreifen und schrieb eine Antwort an Fritsch, darin sie ihren Schmerz über dessen Absicht, ihren Sohn zu verlassen, ausdrückte: »in einem Augenblick, wo er Ihrer doch am notwendigsten bedarf! Die Gründe, welche Sie anführen, sind eines geistreichen Mannes wie Sie nicht würdig... Machen Sie vielmehr Goethes

Bekanntschaft *und* überlegen Sie: Selbst wenn der Herzog übereilte Schritte getan hat: haben *Sie* dann nicht ihre Pflicht erfüllt, wenn Sie ihn darauf aufmerksam machten?«

Dieser Brief Anna Amalias verfehlte nicht seine Wirkung: Freiherr von Fritsch blieb in seinem Amt, wenn er »seine Amtsverrichtungen in würdiger Weise weiter ausüben dürfe.«

Im Juni 1776 wurde Goethe zum Legationsrat ernannt mit Sitz und Stimme im Konsilium. Anna Amalia hatte das Bündnis mit der Jugend geschlosssen, durch das sich Weimar zu jenem »Brennpunkt deutscher Kultur« entwickeln konnte.

Schon bald war es Goethe gelungen, die Mitglieder des Konsiliums – einen nach dem anderen – zu gewinnen, nicht nur durch seinen Charme, sondern auch durch gründliche Arbeit. Sogar das verfallene Bergwerk in Ilmenau wollte er wieder in Gang bringen, was ihm jedoch trotz großer Mühen nicht gelang. Statt dessen brachte er es z. B. fertig, nicht nur die Ausgaben für das Heer um die Hälfte zu reduzieren, sondern auch jene »für Hof und Stall«.

Und Anna Amalia? Von allen »Zwängen« des Regierens befreit, tat sie, was Wieland ihr ans Herz gelegt hatte: sich ganz den Menschen und den Künsten zu widmen.

Hatte sie sich während ihrer Regierung vor allem um das materielle Wohl ihrer Untertanen bemühen müssen – bis zu der Bitte an den Preußenkönig, ihren Oheim, doch zu verhindern, daß seine Werber die Bauernsöhne ihres armen Ländchens gewaltsam für den Kriegsdienst einzögen – so wirkte sie nun mit gleichem Eifer vorerst für die Musik, die sie selber seit Kindestagen liebte und ausübte. Sie sollte in Weimar wieder blühen, wie einst in den Jahren 1708–17, als Johann Sebastian Bach Organist an der Schloßkirche war. Nach seinem Fortgang erlosch diese Tradition. Doch jetzt war auf Goethes Anregung der durch seine Schriften bekannte *Herder* als Superintendant nach Weimar berufen worden. Das würde nicht nur die Kirchenmusik wieder beleben, sondern auch das Musizieren in den Häusern der Bürgerschaft.

Und so geschah es auch wirklich. War bei dem großen Weimarer Schloßbrand der Musik- und Theatersaal auch zerstört worden, so konnte der Hof doch – wenigstens im Sommer – in und bei den Landschlößchen Ettersburg, Belvedere und Tiefurth musizieren und sogar Theater spielen.

Die erste *deutsche* Oper: Wielands »Alceste«, kam in einem der Parks zur Uraufführung. Danach Goethes Singspiel »Die Fischerin« mit dem »Erlkönig«; in Ton gesetzt und gesungen von Corona Schröter, der Schauspielerin, die Goethe bereits in Leipzig bewundert und nach Weimar geholt hatte. Nun übersetzte sie seine Dichtungen in Schauspiele, welche im Park von Ettersburg unter den alten Erlen die Zuschauer verzauberten. Durch lodernde Pechfackeln angeleuchtet, so daß die Lichtzungen sich in den Wassern der Ilm spiegelten, erlebten sie – in Mooshütten sitzend – nicht nur Natur und Musik, sondern auch Verse nie gehörten Wohlklangs und gedanklicher Tiefe:

»Wenn zu den Reihen der Nymphen, versammelt in heiliger Mondnacht,
Sich die Grazien herab vom Olymp gesellen ...« usf. usf.

So dichtete Goethe für Wieland, der, wie auch die andern »Großen«, bald seinen Lieblingsplatz im Park haben sollte.

Dies war noch zierlicher Rokokoton. Doch wandelte sich langsam der Stil der Aufführungen: Das neu erwachte Naturgefühl sollte auch das Denken und Handeln der Zuhörer leichter, einfacher, natürlicher werden lassen. Im Sprechen und Auftreten wuchs man in eine neue Lebensform. Und so wie Amalias wachsender Dichter-Kreis sich von den herkömmlichen Fesseln befreite, stieg auch das Selbstgefühl der Frauen. Sie begannen ebenfalls zu schreiben und zu dichten, als »Ausgleich und Befreiung von den Qualen der Mutterschaft, welche« – wie Charlotte von Stein es drastisch ausdrückte – *»ungerecht* den Frauen allein auferlegt sind!«

In neu gelockertem Ton fanden die Gespräche der Runde statt, welche nun immer häufiger Erzählungen und Gedichten von *Frauen* lauschen konnte, bis die Herzogin eines Tages verkündete: eine Zeitschrift gründen zu wollen, deren Zielsetzung sie selber proklamierte. »Es ist eine Gesellschaft von Gelehrten, Künstlern, Poeten und Staatsleuten beiderlei Geschlechts, die alles, was Politik, Witz, Talent und Verstand hervorbringen, in einer periodischen Schrift vorlegen will, welche das ›Journal von Tiefurth‹ heißen und dem bekannten und beliebten ›Journal de Paris‹ ähnlich sein soll ...« Weiter schreibt sie: »Von der Teilnahme der Frauen und deren Arbeiten wird man hier eine Probe ihrer natürlichen geistigen Arbeiten zeigen, auf dem diese, unter der schützenden Hülle der Anonymität, den Flug ins Land der Poesie wagen könnten!«

Man darf diese Worte das Credo der kleinen Gruppe nennen, welche die griechische Grundweisheit von der schöpferischen Polarität der Welt und also auch der des Menschenpaares zu leben versuchte. Das veranlaßte bald darauf den Göttinger Professor Michaelis, Friedrich dem Großen vorzuschlagen, eine »Universität für Frauenzimmer« zu errichten, denn »kein Staat«, so schrieb er, »könne auf weibliche Begabungen verzichten: Begabte sind der größte Reichtum eines Landes!« Seine älteste Tochter Caroline bestätigte des Vaters Meinung, als sie, ein Jahrzehnt später, zum Mittelpunkt des frühromantischen Kreises der Gebrüder Schlegel und dessen berühmter Zeitschrift »Das Athenäum« wurde.

An diesem Blatt arbeiteten zwar auch Frauen mit – ebenso wie an Schillers »Horen« – doch wurde keine davon zur Mitverantwortung verpflichtet, wie das bei Anna Amalias »Tiefurther Journal« der Fall war. Das Fräulein von Göchhausen, der Herzogin langjährige Hofdame, redigierte gemeinsam mit dem Kammerherrn von Einsiedel das Blatt. Dieses kleine Fräulein von ein wenig verwachsener Gestalt, temperamentvoll, geistreich und ein wenig mokant, hilfsbereit und voller Einfälle, durfte bei allem, was ihre Herrin trieb, stets mittun! Etwa: Griechisch und Latein lernen, »um die Alten in ihrer Sprache lesen zu können«, sowie Englisch

– damit sie »Shakespeare im Original erleben durften« ...
Mit ihr also entstand das »Tiefurther Journal«, für das Goethe alsbald – gleichsam als Motto – sein Gedicht »Edel sei der Mensch – hilfreich und gut ...« stiftete.
Die Zeitschrift wurde handschriftlich hergestellt und von Hand verschickt, ebenfalls von der Hofdame, wodurch Amalia sehr entlastet wurde und Zeit fand, mit »gestandenen« Musikern zu musizieren. Wieland schrieb einmal: »Unsere Fürstin stürzt sich tête baissée in die Musik, dergestalt, daß der Musiker Kranz mit ein paar Kammermusizis drei Wochen lang Tag und Nacht in Ettersburg residieren mußte und geklimpert, gegeigt, geblasen und gepfiffen wurde, daß die Engel im Himmel ihre Freude daran hätten.«
So an- und ausgefüllt mit künstlerischem Tun – sie selber spielte ja Harfe und Flöte, sogar so gut wie ihr preußischer Onkel – beschloß Amalia eines Tages doch, sich auch den langgehegten Wunsch zu erfüllen, an den Rhein und Main zu fahren. Ihre letzte größere Reise war die nach Braunschweig gewesen, wo Karl August eingesegnet wurde. Dort sah sie ihren Oheim Friedrich II. wieder, der so angetan war von ihrem Sohn, daß er ihm eine große Zukunft prophezeite. Das beglückte Amalia, und veranlaßte sie später zu immer erneuten Einladungen des kulturell ganz auf Frankreich eingestellten Königs. Zu gern hätte sie ihm, der die deutsche Sprache nur unvollständig beherrschte, die Großen *ihrer* Künstler vorgestellt, damit er, von deren Persönlichkeiten beeindruckt, sich endlich auch für das Schaffen der Dichter und

Philosophen *seines* Landes einsetze! Vergebens bisher...
Nun aber drängte es sie an den Rhein. Und Goethe schlug ihr als Reiseführer seinen Freund, den Schriftsteller und Kriegsrat Merck, vor, einen vielfältig Begabten und Kenntnisreichen. Dazu kamen natürlich die Göchhausen und Einsiedel sowie ein junger Arzt als Begleiter, denn Reisen war damals ziemlich strapaziös. Und diese Rheinfahrt, welche die kleine Gesellschaft durch Goethes »Gesegnete Gebreiten« führte, sollte Amalia unvergeßliche Erlebnisse schenken. Die Heiterkeit und Vielfalt der mit jeder Wendung des Stromes wechselnden Landschaft erinnerte sie an den Zauber des Goetheschen Wesens, seine oft unbeschwerte Anmut, die ihr nun auch in den ihnen begegnenden Menschen auffiel. Selbst in Düsseldorf bei der Familie des mit Goethe befreundeten Philosophen Jakobi, welche sie nach langer Fahrt – teils im Wagen, teils in größeren Segelbooten den Rhein hinab – erreichten, stellte sie überrascht fest, daß man hier schwierige Fragen leichter und anmutiger diskutierte als in Weimar oder im niedersächsischen Braunschweig. Wirklich, noch nie hatte sie so oft gelacht, vor allem, als sie wieder im Schiff saßen und den Erzählungen ihres »Mephisto« lauschten, wie Frau Aja, Goethes Mutter, ihren Reiseführer Merck genannt hatte. Doch erlebte ihn die kleine Gesellschaft anders: so tiefsinnig-heiter deutete er ihnen die alten Rheinsagen...
Auch die Besuche in Frankfurt bei Frau Aja waren geglückt – hatten beglückt! Die Unbefangenheit, mit der Goethes Mutter die Herzogin empfing, in einer

gleichsam über sich selbst lächelnden Würde, ließ keine Anfangsscheu aufkommen und versetzte Amalia in eine Heiterkeit, durch die beide Frauen in wenigen Minuten fast zu Freundinnen wurden, Verbündete jedenfalls in der mütterlichen Liebe zu dem einen, der sie zusammengeführt hatte: dem Hätschelhans, dem Sohn des Hauses Goethe.

Eine verjüngte Amalia kehrte in ihr Herzogtum zurück, wo erneut das beschwingte Treiben in den Parks von Tiefurth und Ettersburg begann, und in immer reifere Formen hineinwuchs...

Jedoch nach insgesamt einem Jahrzehnt, als die Nachricht von Goethes heimlicher Abreise nach Italien bekannt wurde, geriet alles ins Stocken. Die Weimarer Gesellschaft, einschließlich Charlotte von Stein, reagierte entrüstet! Einzig Amalia und Karl August, denen Goethe die Gründe zu der für ihn notwendigen körperlichen und geistigen Erneuerung genannt hatte, billigten seinen Entschluß. Anna Amalia freute sich sogar sehr auf die versprochenen Reiseberichte, und als sie eintrafen, wuchs auch in ihr der Plan einer Reise nach Italien... Schon vor zwei Jahren, während einer Krankheit, die sie zur gleichen Zeit niederwarf, als der Oheim, Friedrich der Große, starb, war in ihr die Sehnsucht nach dem »heilenden« Süden erwacht. Und als im Sommer 1788 Goethe endlich heimkam und klagte, daß kaum einer aus dem Freundeskreise daran interessiert sei, immer wieder seine Erlebnisse, Eindrücke und tiefgreifenden Erkenntnisse aus Italien zu hören – außer ihr, Anna Amalia –, bat sie ihn täglich zu sich, um den Plan für *ihre* Reise zu entwickeln.

Auch sie sollte, so riet ihr Goethe, wie er selbst es getan hatte, incognito reisen, etwa unter dem Namen einer Gräfin Altstadt, und möglichst auch die gleiche erprobte Route nehmen, nämlich über Regensburg, München, Innsbruck, den Brenner, nach Verona; von hier – abweichend von seiner Route – nach Mailand, um die berühmte Oper dort zu besuchen, wo sie den Schauspieler und Musiker Grawe treffen sollte, mit dem sie in Weimar ausgiebig musiziert hatte.
Am 15. August 1786 beginnt Amalias große Fahrt. Wieder begleiten sie ihre beiden Getreuen, die Göchhausen und der Kammerherr von Einsiedel. Dazu gesellt sich ein junger Arzt und der Sohn der römischen Wirtsleute von Goethe, den dieser nach Weimar geholt hat, damit er der Herzogin als Reiseführer und Dolmetscher diene. Und alles gelingt wie geplant. Schon ihr erster Brief an Goethe zeigt es:
»Ich finde mich hier ganz selig und wünsche mir keine andere Existenz. Ich werde schwanger von so vielem Schönen und Herrlichen, daß ich mir nur eine glückliche Entbindung wünsche, um mitzuteilen, was ich empfangen habe.«
Am 4. Dezember haben die Reisenden Rom erreicht, wo sie – gleichsam als ein Stück Heimat – von *Herder* empfangen werden, der sich von der eigenen, ihm wesensfremden Gesellschaft getrennt hat und den Amalia nun in ihren Kreis aufnimmt. Er stellt ihr die deutschen Künstler in Rom vor, welche, von Goethe bereits unterrichtet, die Weimarer Fürstin eifrig betreuen, was Amalia durch Aufträge an die sich oft kümmerlich Durchschlagenden beantwortet: Kupfer-

stiche berühmter Gemälde, Landschaften, sogar eigene Porträts, kauft oder bestellt sie und animiert damit die römischen Aristokraten, die Amalia als die »wahre Fürstin Deutschlands« begrüßen, ein Gleiches zu tun. Natürlich wird sie auch der Papst und der glänzende Hof der Königin Caroline von Neapel freundschaftlich empfangen!

Zur menschlich beglückendsten Begegnung aber wird ihr die mit der Malerin Angelika Kaufmann, der Freundin Goethes! Sie porträtiert die Herzogin, die vor dem Bild begeistert ausruft: »Das ist die schönste Poesie, die man auf mich machen kann!«

Auch Tischbein malt sie »als Fürstin auf antikem Marmorsitz thronend«, mit strengem Profil in römisch-antiker Größe. Während er sie konterfeit, spricht Herder Szenen aus dem von Goethe gerade übersandten »Torquato Tasso«, jenem Trauerspiel, in dessen Hauptperson, wie alle meinen, Goethe so viele seiner eigenen Züge dargestellt hat. Auch die von ihm dargestellten Frauen versucht man nun eifrig zu deuten. Anna Amalia aber bewegt vor allem sein Wort: »Denn wenn der Mensch in seiner Qual verstummt, gab mir ein Gott zu sagen, was ich leide.« Und glaubt sich auch und gerade jetzt in den glücklichsten Tagen ihres Lebens noch tiefer mit ihm verbunden.

Auch in Neapel, dem »eigentlichen Vaterland der Musik«, wohin sie nun – laut Goethes Plan – reisen, hält das Glücksgefühl an. Opern und Konzertaufführungen werden als »Klangfeste schönster Stimmen« erlebt. Dazu der Anblick der wechselnden Farben des Meeres, des Himmels, die Freude an der Heiterkeit und Sanges-

14. Johann Wolfgang Goethe, Fritz von Stein unterrichtend

15. Hofdamen im Park zu Weimar, links Luise von Göschhausen

lust der Bevölkerung, wie schließlich die »überschwengliche Aufnahme«, die man ihr, der deutschen Fürstin, in den Adelshäusern bereitet – alles versetzt Amalia, wie die Göchhausen berichtet, in einen geradezu »paradiesischen Zustand«. Aus ihm wird sie freilich – es ist Herbst 1789! – wie in einen Höllensturz gerissen, als sie die Berichte aus Paris von den täglich neu eintreffenden Flüchtlingen hört. Gleichzeitig erfährt Amalia den unerwarteten Selbstmord des so sehr von ihr geschätzten Musikers Grawe, den sie selber wohl in Mailand angeregt hatte, nach Neapel zu kommen! Im Kreis der Ihren, die auf die Rückkehr der Herzogin von einem Ausflug warteten, soll er sich unter seinem Umhang erdolcht haben. Doch dies verheimlicht man ihr...

»...wenn das Gemüt leidet, so ist alles versteinert, so auch bei mir«, schreibt sie wenige Tage nach diesem Tode in ihr Tagebuch. Sie weiß nicht, ob sie nun heimkehren soll nach Weimar, wo, wie sie hört, sich auch so mancher ihrer Freunde für die Französische Revolution begeistert hat. Sogar der junge Wilhelm von Humboldt ist mit seinem Lehrer nach Paris gereist, dieses »große Ereignis in der Nähe zu erleben«.

Doch nach einem liebevoll-besorgten Brief ihres Sohnes Karl August, der sie bittet, ja bald heimzukehren: in diesen aufgeregten Zeiten sei *sie* doch für alle der ruhende Pol – entschließt sie sich zur Rückkehr, wenn... *Goethe* sie heimgeleitet!

Und der Freund, von Karl August gebeten, macht noch einmal die Reise in den Süden! Er wäre jetzt gern zu Hause geblieben, nachdem er Christiane, sein schwarzgelocktes »Eroticon«, in sein Haus aufgenommen hat. Die lange Wartezeit von drei Wochen in Venedig jedoch verkürzt er sich durch die Niederschrift der »Venezianischen Epigramme«, um sie der endlich ankommenden Amalia zu widmen mit den Worten: »Sagt, wem geb ich dies Büchlein? Der Fürstin, die *mir's* gegeben? Die uns Italien noch jetzt in Germanien schafft?«

Und Anna Amalia schreibt am Abend ihrer Ankunft in Venedig in ihr Tagebuch: »Als ich in die Stadt kam und die Kanäle sah, nahm meine Traurigkeit zu. Als ich vor dem Gasthof abstieg, *fand ich Goethe. Ich wurde wieder munter.*«

Denn nun konnte sie endlich ihre Sorgen aussprechen, den Freund fragen, wie eine grenzüberschreitende Revolution sich etwa für ihren Sohn und sein Herzogtum, ja für sie selber und ihren »Musenhof« auswirken würde? Hatte doch sogar ein berühmter Geistlicher, Goethes Freund Herder, die »französische Revolution als die wichtigste Begebenheit seit Einführung des Christentums« bezeichnet! Dies würde doch die Hörer seiner Predigten und die Leser seiner Schriften am Ende anregen, auch in Deutschland die Fürsten zu vertreiben?!

Bisher habe sie, Amalia, geglaubt, daß ihre humane Regierung und danach ihr kulturelles Wirken die ihr Anvertrauten nicht nur erfreue, sondern auch über den Alltag in eine sinnvolle Existenz hinaufhebe. Nun aber müsse sie hören, daß gerade auch in den Kreisen der Künstler Zweifel darüber herrsche, ob die Fürsten »dafür« Gelder verschwenden dürften, statt die

Armen, ja oft Hungernden, in ihren Ländern zunächst zu sättigen! »War es so? Ist es so?« So fragte sie gewiß. Und Goethe mochte ihr nach einer nachdenklichen Weile erzählen, was er selber einmal niedergeschrieben hatte, jene alte Legende nämlich, die ihn seit seiner Kindheit beschäftigte: Danach wollte eines Tages ein ehrlicher Landmann seinen Schnittern das tägliche Mus zur Erquickung bringen, als er von einem Engel beim Schopfe ergriffen wurde und statt dessen den Propheten in der Löwengrube speisen mußte. Und Goethe setzte hinzu: »Seitdem glaube ich, wenn wir lange grübeln: Dorthin? Dahin? so nimmt unser Herrgott uns beim Schopfe und führt uns den dritten Weg, an den wir zuvor gar nicht gedacht haben. Dieser dritte Weg unseres Schicksals«, so mag er gesagt haben, »ist eben nicht auf der sicheren Ebene zu erreichen, sondern meistens, ja immer, Umweg, Kehr- und Querweg... weshalb auch das, was man bei manchen ›ein falsches Streben‹ nennt, für den Einzelnen ein oft unentbehrlicher Umweg zum rechten Ziele ist.«
So seltsam beantwortete er ihre Fragen, und doch war Amalia getröstet. Sich anvertrauen allem, was auf sie zukam, hieß doch: es würde so oder so von ihr zu bewältigen sein! In dieser Zuversicht erlebte Amalia noch die geschenkten Tage, in denen sie mit Goethe heimfuhr in ihr Herzogtum...
Zurück in Weimar, suchte sie nun, als sei nichts in der Welt geschehen, den Ertrag ihrer Italienreise in das kulturelle Leben Weimars einzubringen. Ein kleines Museum sollte die mitgebrachten Medaillons, Gipsabdrücke, Kupferstiche, Gemälde, Zeichnungen gleich-

sam als Grundstock für die späteren Weimarer Galerien aufnehmen.
Sie selber nahm bei dem liebenswürdigen Georg Melchior Kraus – zusammen mit einigen Getreuen – Zeichenunterricht: der Maler hat die kleine Runde in einem berühmt gewordenen Aquarell festgehalten …
Auch die sogenannte »Tafelrunde« nahm sie wieder auf. Von diesem »zwanglosen Zusammensein des Hofes, mit Adel und Bürgertum« hat Graf Stolberg, Goethes Freund, berichtet: »In ihr vereinigen sich Männer und Frauen des Geistes, der Kunst und der Kultur mit überdurchschnittlicher Bildung, treffendem Urteil und geistiger Empfänglichkeit, mit denen die ganze herzogliche Familie umgeht, als wären's Menschen wie unsereiner! Vor allem die verwitwete Herzogin«, so fährt er fort, »eine noch schöne Frau mit viel Verstand, viel Würde und einer in die Augen fallenden Güte, ist charmant im Umgang, spricht gut, scherzt fein und weiß auf die schönste Art etwas Angenehmes zu sagen.«
Jetzt hatte auch Goethe aus dem immer größer werdenden Kreise der Jenaer Wissenschaftler bedeutende Professoren nach Weimar zu allwöchentlichen Zusammenkünften eingeladen, und Anna Amalia stellte dafür sogleich ihr »Wittumspalais« zur Verfügung – das frühere Wohnhaus ihres Ministers Fritsch, das er ihr nach dem Schloßbrand überlassen hatte. Mit seiner stilvollen Ausstattung eignete es sich besonders für akademische Gespräche. Die klassische Kunst des »Wohlklangs und des Maßes« war ihr besonderes Anliegen, das in diesem Kreis nunmehr umfassend diskutiert werden konnte.
Inzwischen hatte das künstlerische Wirken des Weima-

rer »Musenhofes« die interessierte Welt in Ost und West aufmerksam gemacht, so daß ständig ein Strom von Besuchern die Gaststätten und Geschäfte füllte.
Diese materielle Bestätigung ihres Tuns ermöglichte es Amalia, gegenüber ihrem Wittumspalais einen Theaterbau zu erstellen. Für ihn wurde die damals bekannte Schauspieltruppe Bellomos engagiert, welche unter Goethes Leitung den klassischen Stil weiterentwickelte, der sich bald in ganz Deutschland verbreiten sollte.
Doch all diese Erfüllungen konnten Amalias neue Sorgen, diesmal um ihre Söhne, nicht völlig vertreiben. Karl August war seit ihrer Rückkehr aus Italien nur noch selten in seinem Herzogtum. Ihm, dem Enkel zweier großer regierender Häuser: Braunschweig und Preußen – war das bescheidene Herzogtum Sachsen-Weimar offenbar zu klein geworden für seinen Tatendrang. Er stand viel lieber als General in Diensten seines Großoheims Friedrich II., der ihn beauftragte, die gemeinsam von ihnen ersehnte Einigung Deutschlands zu betreiben. So reiste Karl August jahrelang von Hof zu Hof, die deutschen Regierenden für einen Fürstenbund unter Preußens Führung zu gewinnen. Leider ohne Erfolg. Unter Preußen wollten sich die Länder auch nach Friedrichs Tod, nicht zusammenschließen, obgleich das immer notwendiger erschien. Denn nach den stürmischen Revolutionsjahren war in Paris Napoleon an die Macht gelangt, der bald ein europäisches Land nach dem andern eroberte. Und die Heere keiner Regierung waren diesem General gewachsen!
Schon 1792 hatten bekanntlich die Sansculottes, die Soldaten der Französischen Revolution, das Kurfür-

stentum Mainz in wenigen Tagen eingenommen! Und eine der bedeutendsten Persönlichkeiten der Stadt, der einstige »Weltumsegler« Georg Forster, trat dem dort gegründeten »Demokratischen Club« bei und schlug der Pariser Regierung die Angliederung einer »Republik Mainz« vor. Doch wurde die deutsche Stadt unter der Leitung des Herzogs und preußischen Generals Karl August von Weimar zurückerobert, so daß dieser Vorschlag nicht verwirklicht wurde.

Goethe hat Karl August auf diesem Feldzug – ebenso wie im Vorjahr bei der verlorenen Kampagne gegen die Franzosen – begleitet. Er kann noch einmal seine »Gesegneten Gebreiten« besuchen und Köln und die Düsseldorfer Freunde Jakobi, die er einst Anna Amalia empfohlen hatte, woran *sie* nun oft voll Wehmut denkt! Denn ihr zweiter Sohn Constantin, das musikalische Sorgenkind, das ebenfalls die militärische Laufbahn einschlagen wollte (mußte?), ist auf dem gleichen Feldzug 1792/93 am »Nervenfieber«, wie es hieß – oder war es ein Duell oder vielleicht gar ein Freitod? – gestorben. Sollte sie, Amalia, gegenüber diesem Sohn versagt haben? Und ihr Selbstgefühl, das sich in Italien so wohltuend aufgebaut hatte, beginnt erneut zu sinken! Zumal sie in dieser Zeit noch eine andere böse Nachricht erreicht: Ihr einstiger Reisebegleiter und nachfolgender Brieffreund Merck hat sich das Leben genommen! Goethes Jugendgefährte, sein entgegengesetztes Ich, der »Mephisto«, wie Frau Aja ihn getauft hatte, gehörte nun auch zu jenen Menschen in ihrem Leben, die es freiwillig verließen – so wie sie selber es einst gewollt, wie es der Musikfreund Grawe getan, der in

Neapel den (ihr damals verheimlichten) »Werthertod« gesucht hatte. Und nun Merck, der ihr nach seinem letzten Besuch in Weimar, wobei er die Aufführung von Goethes »Iphigenie« sah, noch geschrieben hatte: »Die glückseligsten Stunden meines Lebens habe ich in Weimar erlebt!« Und sie hat in diesem Brief die Worte, die vielleicht ein heimlicher Notruf waren: »Laßt mich für immer zu euch kommen!« nicht gehört?! Freilich geschehen zu dieser Zeit auch noch einige tröstende Ereignisse: Das mit ihr verwandte preußische Königspaar Friedrich Wilhelm III. und seine beliebte Königin Luise kommen aus Berlin zu einer Aufführung des Schillerschen »Wallenstein« nach Weimar.

Und danach besucht Germaine Necker, Baronne de Staël-Holstein, Amalias Stadt: die begabte Verfasserin von »modernen« Frauenromanen, streitbare Anhängerin liberaler Ideen der Aufklärung, überzeugte Republikanerin, Feindin Napoleons, kurz: eine »Emanzipierte«!

Zwei Monate bleibt sie und versprüht die prickelnde Atmosphäre der Pariser Salons in die Wohnstuben des kleinen Weimar, dessen Größen sie interviewt, um die Antworten für das erste umfassende Deutschlandbild für die Franzosen zu verwenden. Es wird ein Weimar-Deutschland sein, ein Volk der Dichter und Denker, der Idealisten, die durch Kunst und Philosophie das Leben der Einzelnen wie der Völker bewältigen wollen.

Doch selbst dieser Besuch wird an Glanz durch den des Zaren Alexander I. von Rußland, des geliebten Enkels der großen Katharina, übertroffen. Er ist gekommen, um der Taufe seines Enkels beizuwohnen, des ersten

Sohnes seiner Schwester Maria Pawlowa, die mit dem Erbprinzen von Weimar vermählt ist. Ein wahrer Regen von Orden, Juwelen, Goldrubeln strömt auf den kleinen mitteldeutschen Hof herab. Und Amalia fühlt sich nun als Ahnin einer Erbfolge von vier Generationen, die den Fortbestand von Weimar und seinem Fürstenhaus zu verbürgen scheinen. Doch dieser Besuch soll der letzte Höhepunkt in ihrem Leben sein . . .

Denn bald danach überstürzen sich die politischen Ereignisse. Napoleon gründet den Rheinbund, dem Karl August den Beitritt verweigert. In Wien legt Franz II. die Deutsche Kaiserkrone nieder.

Der unbedeutende Nachfahre Friedrichs des Großen stellt Napoleon ein Ultimatum, wenngleich hinter ihm nicht mehr seines Großonkels intakte, ruhmreiche Armee steht, sondern eine veraltete, schwerfällige Organisation, die dem strategischem Genie Napoleons, seinem geschulten Offizierskorps, der Mobilität der Grande Armée keineswegs gewachsen ist.

Am 14. Oktober 1806 schlagen Napoleon und Davout ausgerechnet bei Jena und Auerstedt, also in Amalias Herzogtum, die Preußen und Sachsen vernichtend.

Am nächsten Tag kommt Napoleon selber in die berühmte deutsche Stadt! Die regierende Herzogin Louise wird ihn auf der Freitreppe des neuen Schlosses empfangen und in den Empfangssaal führen, wo er das Verhalten ihres Gatten geißelt, der dem von ihm, Napoleon, gegründeten Rheinbund nicht beigetreten und somit zum Feind Frankreichs geworden sei. Unerschüttert soll ihm die Herzogin entgegnet haben, daß Karl August schließlich preußischer General und überdies

naher Verwandter des Preußenhauses sei, so daß er einem Bund, der zur Auflösung des alten Deutschen Reiches führen mußte, unmöglich beitreten konnte.
Napoleon soll nach diesem Gespräch zu seinen Leuten gesagt haben: »Das ist eine Frau, die selbst unsere zweihundert Kanonen nicht schrecken können!«
Und Anna Amalia? Als sie den Bericht über die Haltung der Schwiegertochter hört, muß sie sich doppelt gedemütigt fühlen. Nicht nur, weil sie, wie es heißen würde, »ihr Land in der Not verlassen« hatte, nämlich um ihre 15jährige Enkelin vor der heranrückenden Soldateska zu schützen, worum die Schwiegertochter sie dringend gebeten hatte –, sondern auch, weil sie selber – die vielgerühmte Menschenkennerin – *diese Tugenden* Louises nicht erkannt hatte! Unerschütterliche Haltung und Tapferkeit in der Not steckten also hinter der Kälte, durch welche Louise auch sie, die Mutter ihres Gatten, so oft gekränkt hatte!
Zu all diesen Bitterkeiten trifft Amalia noch die Nachricht von der Vernichtung ihres Braunschweiger Welfenhauses durch Napoleon. Ihr älterer Bruder, der regierende Herzog, Oberbefehlshaber der alliierten Preußen und Sachsen, starb – durch beide Augen getroffen – nach qualvoller Flucht vor den Toren Hamburgs. Und Goethe? Er hatte sich am Tage nach der Einnahme Weimars mit Christiane Vulpius trauen lassen, nachdem die Lebensgefährtin ihn mutig vor Plünderern beschützt hatte... Tags darauf stellte er sie bereits der Gesellschaft im Hause der Johanna Schopenhauer vor: der Mutter des Philosophen, die sich erst kürzlich in Weimar angesiedelt hatte und deren Salon jetzt –

anstelle Amalias Tafelrunde – Mittel- und Anziehungspunkt der Weimarer Intelligenz war und einen anderen, »demokratischen«, Stil aufwies, wie man ihr berichtete. Und Goethe, ihr und Karl Augusts Freund, konnte *so* schnell zu ihr hinüberwechseln? War denn in dieser alles zertrümmernden Zeit auch dieser wunderbare Bund zerschlagen?

In den nachfolgenden verzweifelten Stunden kommt ihr der Bericht des Kanzlers Müller wie eine Antwort von oben. Danach hatte Goethe, als er von der voraussichtlichen Vertreibung des Herzogs aus seinem Lande hörte, erregt ausgerufen: »Mit einem Stecken in der Hand werde ich meinen Herrn, wie Lucas Cranach dereinst den seinigen, ins Elend begleiten und treu an seiner Seite ausharren. Und Kinder und Frauen, die uns in den Dörfern begegnen, werden weinend die Augen aufschlagen und zueinander sprechen: ›Das ist der alte Goethe und der ehemalige Herzog von Weimar, den der französische Kaiser seines Thrones entsetzte, weil er seinen Freunden so treu im Unglück war!‹«

Aber Karl August wird nicht vertrieben. Im Januar 1807 erfährt Amalia beglückt seine Rückkehr in die Residenz! Auch das Hoftheater öffnet wieder seine Pforten. Und Goethe, sein Direktor, wählt für diesen Beginn die Erstaufführung seines »Torquato Tasso«, das Drama – ihr alles umfassendes Italienerlebnis –, darin es selbst einer edlen, hilfsbereiten Hofgesellschaft *nicht* gelingt, den von seinem selig-unseligen Genius Getriebenen der Isolation, der Einsamkeit, dem tragischen Untergang zu entreißen und ihm Mut zu machen, sich dem Schicksal entgegenzustellen. Er – Goethe – *hatte* das

Schicksal bewältigt – mit Hilfe seiner Dichtung. Und ein wenig – vielleicht – mit ihrer, Amalias, Hilfe auch?!
In der Nacht zum 10. April 1807 stirbt die Herzogin, nachdem Karl August am Abend zuvor noch bei ihr gewesen ist. Offensichtlich ohne vom Schlaf erwacht zu sein, fand man sie, den Kopf zum Bildnis des Oheims, Friedrich II., gewandt – dem sie auf dem Totenbett so ähnlich sah, daß alle, die sie erblickten, erschraken ...
Goethe hat in der Trauerrede, die in allen Kirchen verlesen wurde, das Wirken der Fürstin umrissen. Es heißt darin u. a.: »... Kein bedeutender Name ist von Weimar ausgegangen, der nicht in ihrem Kreise früher oder später gewirkt hätte. Das ist der Vorzug edler Naturen, daß ihr Hinscheiden in höhere Regionen segnend wirkt wie ihr Verweilen auf der Erde, ja, daß sie uns von dorther gleich Sternen entgegenleuchten als Richtpunkt, wohin wir unseren Lauf zu richten haben. Also wird ein Leben zum Kunstwerk und dieses zum Idealbild einer Fürstin von exemplarischer Ausstrahlung.«
Und für ihren Grabstein fand er – alles zusammenfassend – die Worte:

»Anna Amalia zu Sachsen
Geborene zu Braunschweig:
Erhabenes verehrend,
Schönes genießend,
Gutes wirkend,
Förderte sie alles, was Menschheit
Ehrt, ziert und bestätigt.
Sterblich 1739–1807
Unsterblich nun fortwirkend fürs Ewige.«

Aus Briefen der Fürstin Anna Amalia von Sachsen-Weimar

An Wieland (Original französisch)

Weimar, den 29. März 1772

... von Ihnen aber erwarte ich die Lösung der Frage: Die Vorsehung hat mich in eine Lage versetzt, in der ich Tausende glücklich machen kann. Gerade dies macht doch gewiß die Glückseligkeit eines Regenten aus, wenn er es sich zur Pflicht macht, es auszuführen. Doch die große Empfindlichkeit, mit der *mich* die Natur begabt, läßt mich zugleich das ganze Gewicht meines Standes fühlen. Vielleicht würde eine stärkere Seele als die meinige sich darüber hinwegsetzen? Ich aber gestehe, daß ich mich ein wenig schwach fühle. Kann überhaupt eine Frau eine starke Seele haben? ...

Noch ein Wort an den Herrn Danischmende (Hauptfigur eines Romans von Wieland). Wenn mein Gemüt über den moralischen Charakter meines ältesten Sohnes endlich beruhigt ist, so verdanke ich das Ihnen! Sie versicherten mich, daß er ein gutes Herz habe! Darüber bin ich glücklich! Denn *das* ist die Hauptsache für denjenigen, der zum Regieren bestimmt ist. Ermessen Sie danach, mein Herr, die Größe meiner Verpflichtung gegen Sie. Ich habe Ihnen eine auf Achtung und Dankbarkeit gegründete Freundschaft fürs Leben gewidmet.

Mit ihr werde ich niemals aufhören, mein Herr, zu sein
Ihre sehr geneigte Freundin Amelie.

An Johann Heinrich Merck (September 1778 – der ihr nach der gemeinsamen Rheinreise versichert hatte, wie dankbar er sei, »daß das Schicksal dadurch vier Wochen meines Lebens zu goldenen Tagen gemacht habe«)
Ihre gütige Dankbarkeit für die freundlichen Augenblicke am traulichen Tisch oder beim Anblick der herrlichen Rheingegend ist mir sehr schmeichelhaft. Doch gewiß werde ich nie vergessen, wieviel *Ihre* Gegenwart dazu beitrug! Ich bin dem Schicksal geradezu dankbar für einen Freund, wie Sie es mir geworden sind, welcher nach oft zu Boden drückenden Vorfällen in seinem Leben seinem Herzen und dem Glauben an Wahrheit und Güte treu geblieben ist, auch wenn er dies alles ins Innere seines Herzens verschließt...

An Frau Rat Goethe (nach einer Liebhaberaufführung zu Ehren ihres Geburtstages)
...Thusnelda (gemeint ist die Hofdame, Fräulein v. Göschhausen) wird Ihnen die Beschreibung der Fête machen, die ich gegeben habe: Unser Freund Wolf (Wolfgang Goethe) hatte die Freundlichkeit, alles selber zu ordnen, so daß der »Jahrmarkt von Plundersweiler« herrlich gegangen ist. Ihr Sohn wird Ihnen die Abschrift von der hiesigen Aufführung schicken. Das Gemälde vom Bänkelsänger haben Wolff, Kraus und ich gemacht. Das ist gewiß wieder etwas für Ihr Weimarisches Zimmer! Die Musik von den Liedern lasse

ich für Klavier setzen und Ihnen dann schicken. Leben Sie wohl, beste Mutter, und denken Sie an mich als eine Freundin, die Ihnen auf Lebenszeit zugetan ist.

Amelie.

Viele Grüße an den alten Vater.

Nach Erhalt der angekündigten Lieder und einem Porträt Goethes antwortete Frau Aja:
Ich hatte so ein Gaudium, daß ich gar nicht wußte, ob ich erst lesen oder kucken, kucken oder lesen sollte. Mit einem Wort, Frau Aja gebärdete sich wunderlich!)

Kurz vor ihrer zweijährigen Reise nach Italien 1786 hatte Anna Amalia ihren Oheim, Friedrich den Großen, nach Weimar eingeladen.
Am 10. Januar 1786 antwortete er ihr:
Wenn ich nicht so alt wäre, würde ich nach Weimar eilen, Sie meine teure Nichte, wiederzusehen und zu umarmen... Seien Sie indessen überzeugt, daß – ob abwesend oder gegenwärtig – ich mit nicht weniger Anhänglichkeit und Achtung bin – meine sehr liebe Nichte –

Ihr treuer Onkel und Freund Friedrich.

An Friedrich den Großen (kurz vor seinem Tod 1786)
Wenn Eure Majestät es sich doch gefallen ließen, eines Tages nach Weimar zu kommen, würde ich Sorge tragen, die ewig Verehrungswürdigen (Venerables sempertinelles) durch einen Kreis junger und schöner Spin-

nerinnen zu ersetzen mit der Verpflichtung, Ihnen, Sire, eine lange Reihe wahrhaft glücklicher Tage zu spinnen. Alt und jung würden sich mit mir vereinigen, Wünsche für Ihr glorreiches Leben zu hegen, das ebenso teuer und kostbar für ganz Europa wie für die ganze Menschheit ist.

An Knebel (während ihrer zweijährigen Italienreise)

Portici, den 29. Mai 1789

...bitte ich Sie, lesen Sie den sechsten Gesang der Aeneis Virgils. Sie werden darin alles finden, was ich jetzt beständig vor Augen habe. Wie sehr wünschte ich, daß ich es mit Ihnen genießen könnte!
Der Vesuv, zu dessen Füßen ich jetzt wohne, hat die Höflichkeit, mir alle Abende ein kleines Feuerwerk zu geben. Für jemanden, der dergleichen nie sah, ist es eine große Erscheinung. Vor einigen Tagen war er mit Wolken ganz umkränzt, die Mündung ausgenommen, die eine dunkelrote hohe Flamme ausstieß. Die glühenden Steine, die er warf, tanzten leicht in der Luft. Danach kam die Lava, die sich mit der Nebelwolke mischte und dann zerteilte. Der Widerschein der Lava machte über dem Berg eine rotglühende Glorie, die bis tief in der Nacht dauerte. Es war das schönste Schauspiel, das ich in meinem Leben gesehen habe. Ich versäume seither nicht, alle Abende meine Andacht dem Vesuv gegenüber zu halten und kann mir recht gut vorstellen, daß es Nationen gibt, die das Feuer anbeten...

Der bekannte Maler Schütz, den Goethe Anna Amalia, während sie in Italien war, empfohlen hatte, antwortete dem Dichter:
Erstens sage ich Ihnen unendlichen Dank für die große Güte, durch die Sie mich der Fürstin empfohlen haben, so daß ich in aller Gnade von ihr aufgenommen wurde... Sie äußerte sich sogleich, daß sie einige Zeichnungen von mir zu haben wünschte. Wahrlich eine Frau, der ich einen vestanischen Tempel in Rom zum ewigen Denkmal aufbauen möchte! (Schütz hat später auf seinem Bild »Besuch in der Villa d'Este« die Herzogin im Kreise ihrer Freunde unter Pinien, zu Füßen einer antiken Statue sitzend, festgehalten.)

Auch der Maler Tischbein schrieb noch zwanzig Jahre später in Erinnerung an die italienischen Tage der Herzogin:
Eure Durchlaucht hatten damals oft die Gnade, mich auf Ihre Villa einzuladen, wo Sie mich gespeist und getränkt und auch mit fröhlichem Geistesgenuß im Kreise Ihrer Gäste Hamilton, Herder, Angelika Kaufmann, Zucchi, und der reizenden Principessa Belmonte beglückt haben. Die Antwort der Prinzessin auf Ihre Frage, womit sie sich beschäftige, ist mir noch heute in Erinnerung: »Hoheit, ich bringe mein Leben mit drei Dingen zu: ein bissel Musik, ein bissel Malerei und ein bissel Verrücktheit«...

Vierzehn Jahre später starb Herder am 18. Dezember 1803. Amalia schrieb Frau von Knebel:
Ich danke Dir, liebe Rudel, für Deine Wünsche. Ich hab sie sehr nötig. Der unersetzliche Verlust, den wir alle durch Herders Tod erlitten haben, hat auch mir ein sehr trauriges und schmerzliches Neujahr bereitet. Sein großer Geist wird mich hoffentlich immer umschweben ...

Ihren letzten Brief an den alten Freund Knebel aber schrieb Anna Amalia tief bedrückt durch die hoffnungslose Lage Weimars, Preußens und ihrer Braunschweiger Heimat mit flüchtigen großen Zügen:
Zur jetzigen Zeit muß man Geduld und Festigkeit aufbringen, um nicht so schlecht zu werden wie der große Haufen. Denn Rechtschaffenheit und Redlichkeit gibt es nicht mehr, und das schlägt einen gefühlvollen Menschen nieder... Hoffen ist noch das einzige, was uns bleibt und erhält. Verbrennen Sie diesen Brief. Unsere Musen schlafen ziemlich und wollen nicht freundlich werden. Man ist hier mit soviel Unangenehmem umringt, daß ich es den Musen nicht verdenken kann, *nicht* freundlich zu sein! Adieu, lieber Knebel, grüßen Sie Ihre Frau ...

Goethe schreibt nach Amalias Tod im Jahre 1807 an den Kanzler Müller, der im Auftrag des 1828 verstorbenen Herzogs die hinterlassenen Briefschaften Anna Amalias durchsehen, ordnen und katalogisieren sollte:
Als ich vernahm, daß unser Hochseliger Herr Ihnen

aufgetragen hat, die hinterlassenen Briefschaften unserer unvergeßlichen Herzogin Amalia zu ordnen, war es mir höchst erfreulich, dieses Geschäft in Ihren Händen zu wissen, das ebensoviel mit Einsicht und Treue wie mit Vorsicht und Geschmack zu behandeln ist.
Auf diesem Wege werden sonderbare Dokumente gerettet; nicht in politischer, sondern in menschlicher Hinsicht unschätzbar, weil man nur aus diesen Papieren sich die damaligen Zustände wird vergegenwärtigen können, auf wie hohem Standort ein reines Wohlwollen, gebührende Anerkennung, ernstliche Studien und heiterste Mitteilung in einem Kreise sich betätigten, der schon jetzt demjenigen, der es miterlebt hat, mythologisch zu erscheinen anfängt. Es war gewiß nicht immer leicht, die Spannungen, die in diesem Kreis leidenschaftlicher, ehrgeiziger Individualisten, die sich kontinuierlich auf engstem Raum begegneten, aufzufangen, zu entladen und in förderliche Bahnen zu lenken: eine Aufgabe, derer sich A. A. mit größter Diplomatie und Gelassenheit entledigte.

Die Briefe der Herzogin sind zitiert nach Friederike Bornhak »Lebensbild der Fürstin«.

Zeittafel

1739 Anna Amalia, Herzogin von Sachsen-Weimar-Eisenach, geboren
1749 Johann Wolfgang Goethe geboren
1758 Anna Amalia regierende Herzogin
1763 Caroline Böhmer-Schlegel-Schelling geboren
1764 Therese Forster-Huber geboren
1766 Caroline von Humboldt und Anne Louise Germaine de Staël geboren
1756 Beginn des Siebenjährigen Krieges
1775 Regierungsantritt Herzog Carl Augusts
Goethes Ankunft in Weimar
Die großen Tage von Anna Amalias Musenhof
1776 Die nordamerikanischen Kolonien erklären ihre Unabhängigkeit
F. M. Klingers Schauspiel »Sturm und Drang«
1786 Tod Friedrichs des Großen
Goethe bricht nach Italien auf (Iphigenie, Tasso)
1788 Goethes Rückkehr. Beginn der klassischen Epoche Weimars.
1789 Ausbruch der französischen Revolution. Erklärung der Menschenrechte
W. v. Humboldt heiratet Caroline von Dacheröden.
1792 Krönung Kaiser Franz II.
Beginn des ersten Koalitionskrieges (Frankreich gegen Österreich, Preußen) Kanonade von Valmy. Rückzug der Alliierten.
Therese Forster flieht mit den Töchtern Therese

und Claire nach Neuenburg, heute Neuchâtel. Caroline Böhmer bleibt bei Forster. Eroberung von Mainz. Dieses wird erste Jakobinerrepublik.

1793 Hinrichtung Ludwigs XVI. und später von Marie Antoinette. Caroline Böhmer in Geiselhaft.

1794 Forsters Tod in Paris. Heirat von Therese Forster und Ludwig F. Huber in Neuchâtel.
Freundschaftsbund von Goethe und Schiller. Das Ehepaar Humboldt verlegt seinen Wohnsitz nach Jena.

1796 Der Aufstieg Napoleons beginnt.
Ankunft des Ehepaars A. W. Schlegel und Caroline verw. Böhmer in Jena. Beginn der frühromantischen Bewegung.

1797 Friedrich Wilhelm III. König von Preußen. Seine Gemahlin: die schöne Königin Luise.

1798 Die Brüder Schlegel gründen die Zeitschrift »Das Athenäum«

1799 Napoleon 1. Konsul

1801 A. W. Schlegel übersiedelt nach Berlin

1802 W. v. H. preußischer Gesandter am Vatikan mit seiner Familie in Rom

1803 Reichsdeputationshauptschluß: Unter dem Druck Napoleons Auflösung von 112 weltlichen und geistlichen deutschen Kleinstaaten. Frau von Staël bereist Deutschland: Weimar, Berlin.
Nach ihrer Scheidung von Schlegel heiratet Caroline Schelling.
Huber Redakteur der Allgemeinen Zeitung in Stuttgart. Hier letzte Begegnung von Caroline Schelling und Therese Huber.

1804 Napoleon zum Kaiser ausgerufen. Einführung seines bürgerlichen Gesetzbuches, des »Code Napoléon« in Frankreich und den besetzten Ländern.

Erschießung des Herzogs von Enghien, auf Befehl Napoleons. Tod von Jacques Necker, des Vaters der Frau von Staël, der A.W. Schlegel nach Coppet am Genfer See folgt.

1806 Napoleon errichtet den Rheinbund unter seinem Protektorat. Kaiser Franz legt die deutsche Kaiserkrone nieder. Ende des »Heiligen Röm. Reiches Deutscher Nation.«

Erschießung des Buchhändlers Palm in Braunau auf Befehl Napoleons. Preußen, Braunschweig und Sachsen-Weimar unterliegen Napoleon in der Schlacht bei Jena und Auerstedt (14./15. Oktober). Die Franzosen in Weimar. Goethe heiratet Christiane Vulpius.

1807 Tod der Herzogin Anna Amalia. Im Frieden von Tilsit erkennt der Zar Alexander I. Napoleons Eroberungen an. Preußen verliert alle Gebiete links der Elbe. Die großen Reformen des Freiherrn vom Stein, Scharnhorsts und W.v. Humboldts.

Frau von Staël reist in Begleitung von W. durch Süddeutschland. Begegnung mit der verwitweten Therese Huber in Günzburg, mit dem Ehepaar Schelling in München.

1809 Fürstentag zu Erfurt. Napoleon auf dem Gipfel seiner Macht. Steins Entlassung.

Caroline Schlegel-Schelling gestorben in Maulbronn.

1810 Hardenberg preußischer Staatskanzler. W.v.H. gründet die Universität in Berlin. Germaine de Staël, von Napoleon endgültig verbannt, reist durch Deutschland, Österreich, Rußland, über Schweden (Bernadotte) nach London, um den Widerstand gegen den gehaßten Korsen zu schüren.

1812 Napoleons Rußlandfeldzug. Untergang der Großen Armee.

1813 Völkerschlacht bei Leipzig (16.-19. Okt.) Napoleon entscheidend geschlagen. Er wird nach Elba verbannt.
Frau von Staël veröffentlicht ihr »Deutschlandbuch«.

1814 Beginn des Wiener Kongresses. W.v. Humboldt Gesandter in London und Wien. Caroline von Humboldt besucht Germaine de Staël in Coppet.

1815 Schlacht bei Waterloo. Napoleon nach St. Helena verbannt. Gründung der Heiligen Allianz zwischen Österreich, Preußen, Rußland. Restauration setzt ein.

1816 Therese Huber leitende Redakteurin des Cottaschen Morgenblattes für gebildete Stände in Stuttgart.

1817 Wartburgfest der Jenaer Studenten und Professoren. W.v. Humboldt Gesandter in London, Caroline wieder in Rom.
Germaine de Staël, heimlich vermählte de Rocca, stirbt in Paris.

1819 Der Student Karl Ludwig Sand ermordet den als Reaktionär gehaßten Schriftsteller Kotzebue. Folge: die Karlsbader Beschlüsse durch Metternich, Hardenberg, Friedrich Wilhelm III. Beschränkung der liberalen und demokratischen Fortschritte insbesondere der Universitäten. W.v. Humboldt aus dem preußischen Staatsdienst entlassen.

1829 Therese Huber gestorben. Caroline v. Humboldt gestorben.

1832 Hambacher Fest: Demonstration des Bürgertums für Republik und nationale Einheit.

1832 Goethe gestorben

1835 W.v. Humboldt gestorben.